新版

ロールシャッハ法解説

名大法マニュアル

名古屋ロールシャッハ研究会 [編]

NAGOYA UNIVERSITY STYLE
RORSCHACH METHOD

福村出版

まえがき

　『新版 ロールシャッハ法解説――名大法マニュアル――』の刊行にあたり，名古屋大学式ロールシャッハ技法（以下，名大法）とその母体である名古屋ロールシャッハ研究会の成り立ちを記しておきたい。

　1951 年，名古屋大学医学部精神医学教室において，文部省（当時）から研究費を受けて「精神病理学と文化的背景の研究」プロジェクトが開始された。さらに，1954 年からロックフェラー財団からの援助を受け，人間関係総合研究班（カルチャー班と呼ばれた）が組織され，村上英治，秋谷たつ子，植元行男，西尾明，星野命，土川隆史，そして DeVos, G. A. といった先生らが中心となって，ロールシャッハ法の実践と研究が精力的に行われた。名古屋地区におけるロールシャッハ法の歴史はここから始まった。

　プロジェクト研究の成果は，『日本人――文化とパーソナリティの実証的研究――』（村松常雄編，1962）として出版された。ロールシャッハ法だけでなく，TAT や親子関係を尋ねる質問紙などを用い，愛知県および岡山県の都市部，農村・漁村・山村地区において，性別や年齢段階について各地区の人口比に応じてランダム・サンプリングされた人々を対象として実施された調査結果が報告されている。うち 724 名のデータにもとづいて，名大法が標準化された。その詳細は，村上英治ほか（1959）「ロールシャッハ反応の標準化に関する研究――カード特性の分析――」（ロールシャッハ研究，Ⅱ）にまとめられている。

　1959 年には，上記カルチャー班による勉強会からの展開として，「名古屋ロールシャッハ研究会」が発足した。メンバー19 名からのスタートであった。当時は病院だけでなく，児童相談所や少年鑑別所などでもロールシャッハ法が注目され始めていた。1964 年には『ロールシャッハ法解説――名古屋大学式技法――』と銘打って名大法のマニュアル（初版）が作成された。当時，家庭裁判所の研修会で用いるための資料冊子にもとづいたとのことである。その中で，研究会の世話人代表であった村上英治が，名大法の基本的立場について述べた論考を，本書序章にて紹介している。そこに記されているように，名大法は，Klopfer, B. や Beck, S. J. による分析方法を基盤としながらも，独自の観点からスコアリング方法にいくつかの修正を加えるとともに，感情カテゴリー（Affective Symbolism）および思考・言語カテゴリー（Thinking Process and Communicating Style）という新たなカテゴリーを考案した。それらは今も名大法の特徴を形作っている。

　名古屋ロールシャッハ研究会では，1977 年までは少人数の月例会形式で事例検討や研究発表が行わ

れていた。その後は年次総会に変更され，現在では，名大法のみならず，ロールシャッハ法その他の心理アセスメントの発展を目指している。

マニュアルは，いわば"手作り"の冊子形態の時代が長く，その間に5回の増補改訂を行ったが，運営委員会で話し合いのうえ，正式な書籍として出版する準備を進め，2018年に『ロールシャッハ法解説──名古屋大学式技法──』を金子書房より刊行した。それから数年を経て，新たに改訂・編集を加え，併せて名大法の記録用紙（ブランクシート）の改訂とともに，このたび福村出版より新版を刊行する運びとなった。

なお，当初のマニュアルは研修会資料として作成されたものであったため，説明が十分に文章化されていない部分もあること，また，スコアや指標の分類・数値的目安は1960年頃の調査データにもとづいて作成されていることは，このたびの改訂にあたって大きな課題と感じられた。しかしながら新たな大規模調査を実施して再標準化に取り組むことは困難と判断された。そこで，元の文章等の趣旨を損ねない範囲で，必要に応じてその後の研究成果や実践における知見をふまえて改訂を行った。なかでも，植元論文（1974）以降，改訂のなかった思考・言語カテゴリーについて，現代の心理臨床実践にもとづいて整理・再編を図ったこと，および同じく1964年の初版以降改訂のなかった記録用紙についても大幅に刷新したことが，今回の大きな特徴と言える。

新版出版にあたり，多大なご尽力ご支援を賜った福村出版編集部の井上誠様，ロールシャッハ史や文献などについて貴重なご助言をいただいた筑波大学名誉教授・小川俊樹先生，長年にわたり名古屋ロールシャッハ研究会の運営に携わってこられた加藤淑子先生に，ここに心より感謝申し上げます。

2025年3月
名古屋ロールシャッハ研究会

用語の表記について
　本書における疾患名，医学用語等については，現時点（2025年）でのDSMまたはICD等に準じた診断名表記としているが，引用文献中の表記については文献のままとしている。

第Ⅲ部　分析と解釈

序章 〈名古屋大学式技法〉創設への経過と特色

　本序章は，名古屋大学式技法（以下，名大法）の成り立ちとその特色について，名大法の創設期から長きにわたってその中心となっていた村上英治の論考をもとに述べていく。「1. 基本的立場」と「2. 分類的記録法」の節は，初版のマニュアルの序章をそのまま転載している。新たに「3. 名大法における現象学的・人間学的視座」では，名大法の淵源とも言える「現象学的・人間学的接近」への視座の深まりを，他の初期文献からの引用をしながら紹介する。心理臨床家としてクライエントの前に立つ際の基本的姿勢を物語る名大法の歴史を，まずは知ってほしいと願っている。

1. 基本的立場

　1951 年以来，名古屋大学医学部精神医学教室においては，村松常雄教授のオリエンテーションのもとに，一つには，精神病理学の文化的背景の研究に関連して，総合的力動的な人間構造の基礎的把握のために，いま一つには，日々の臨床実践において，なんらかの問題をいだいてわれわれに対決する患者の，さまざまの問題の臨床的解明のために，臨床心理学的な診断法の一つとしてのロールシャッハ法の研究が，精神医学者と，臨床心理学者との緊密な連繋にもとづいてつづけられてきた。しかしながら，前者のいわゆる人格の一般的構造（general personality structure）の解明も，われわれの臨床的立場からして，個々の患者の臨床像にせまろうとするための，基礎的な理論づけ，あるいは枠組としての位置を占めるものである以上，当然，後者の研究に直接つらなるものであらねばならない。この点においてわれわれは，臨床家としての立場を確立し，その面から実際臨床に有効な方法たらしめるべく，診断テストとしてのロールシャッハ法の臨床的検討に重点をおいてきたのである。

　数年にわたり，これら観点に立って，われわれの研究は二つの面からなされた。第一は，従来の研究のあとを追って，具体的臨床の場で精神分裂症や精神神経症の患者群に対して施行した，ロールシャッハ法の診断テストとしての有効性を検証することであり，第二は，それらの個々の患者に対して得られたロールシャッハ法にもとづく人格像を，精神医学的面接にもとづく診断や，TAT によって把握された人格像との関連において，その診断テストとしての妥当性を明らかにしようとするものである。これらの研究は，ともにある程度の成果をおさめ，臨床的診断の方法としてのロールシャッハ法の存在価値に，大いに期待を抱かせるには至ったが，従来の基本的標準的な実施法・分析法によるのみで，ただちに有効適切な道具となりうるか否かに関しては，なお多くの疑義が提起される段階

であった。われわれは，われわれ自身のこれらの歩みをとおしての切実な反省から，いま一度ふり出しにもどって基礎的な批判をこころみ，ちょうどその頃，たまたまフルブライト研究員として来日，われわれの教室で共同研究に従事したDeVos, G.の助言を得て，われわれの教室におけるロールシャッハ研究の基本的立場を確立し，従来の伝統的標準方式を取捨し，さらに新たなカテゴリーを設定して，いわゆる名大スケールの作成に努力を重ねてきたのである。したがってわれわれの基本的立場は，次の諸点に集約されよう。

　(1) われわれは，臨床家としての立場を，どこまでも強調する。したがって，われわれがロールシャッハ法を用いて行う診断は，決して類型学的診断をめざすものではなく，個々の人間の全体にせまろうとする力動的診断の立場によるものであらねばならない。その意味で，一般的に検査の場の問題をよりいっそう検討し，さらにその検査の場において，被診断者の示す言動表現，行動態度のはしばしに至るまで，できうるかぎり，客観的に克明な記録を行うとともに，それらの記録の質的分析をあわせて，ロールシャッハ法によって得られた人格像の彫りを深めることに努力する。

　(2) ロールシャッハ法が投影法のもっとも代表的な一方法である以上，ロールシャッハ法をとおして得られた被検者の反応にもとづく分析・解釈は，いうまでもなく，どこまでも検査者の主観的解釈をさけて，その被検者自身のパーソナリティの投影によるものを，できるだけ客観的にとらえようと労力するものであらねばならない。ロールシャッハ法において，質疑（Inquiry）の段階が重んぜられるのは，まさにこの意味においてであって，質疑がいわゆる誘導質疑（leading inquiry）になることは，十分いましめなければならないけれども，これをおそれるあまり，自由連想（Free association）の段階において被検者の与えたなまの反応（raw response）を，検査者の推測にもとづいて分類し，分析していくような態度に対しては，十分反省が向けられねばならない。その反応のうみ出された過程を，より深く，どこまでもその被検者の心的過程に即してとらえていこうとするためには，なお慎重にして周到な，より包括的な質疑がなされるべきである。

　(3) われわれは，これらの基本的立場に立って，被検者から得られた反応を，より組織的，より包括的に分類し，分析していくことによって，その被検者の全体としてのパーソナリティをより理解しうるものと信ずる。その意味で，従来の伝統的な分類カテゴリーを整理検討するとともに，新しく二，三のカテゴリーを設定し，(1)の段階で生じてきたような，時には反応と直接関係のない言語表現をもふくめて，ロールシャッハ法という一つのスクリーンに映ずる被検者の全体を，できうるかぎり客観的にとらえていきたいと考える。

2. 分類的記録法

　以上の基本的立場に立って作成された，名古屋大学式スケールの具体的な分類的記録法に関しては，以下，第一に標準的方法との主なる相違点について，第二に，新しくわれわれの設立したカテゴリーについて，それぞれ説明を加えていくことにする。

a）標準法との主なる相違点

Rorschach, H.（1921）*Psychodiagnostik* 以来，二つの主流をなしている Beck, S. J.（1944-50）*Rorschach's Test.* Ⅰ.Ⅱ.Ⅲ，および Klopfer, B., & Kelly, D. M.（1942）*The Rorschach Technique.* Klopfer et al.（1954）*Development in the Rorschach Technique,* Ⅰの標準的研究から，われわれも出発していることは，他の研究者たちと同様であり，さらに阪大スケールの表現形式のカテゴリーをとり入れ，形態水準の質的分類に関しては，阪大スケールの基準に，われわれの新しい設定による思考障害のカテゴリーの結果をくみこんで，一部修正したものを用いている。

われわれが，これらの標準的方法を改訂した際における主なる留意点としては次の諸点があげられよう。

（1）場所づけ（Location）のカテゴリーでは，空白反応Sの扱いを，WS, DS, dS, DdS といった形で，常に各々の段階に相伴って生じたものとして記録する。場所づけの定義からして，Sは，W, D, d, Dd の分類とはちがった性質をもつものであると考えられるが故にである。

（2）結合性反応に関しては，Beck の Z を用いない。それぞれの反応に Worg. (A·B)，Dorg. (A·B) などの形で，場所づけの段階にともなって記録し，結合％を算出する。

（3）決定因（Determinant）に関しては，まず第一に，運動反応（movement response）において見出される活動水準（activity level）の段階が独特のものである。M, FM, Fm, mF, m のそれぞれ運動反応が示されたとき，その運動をつかさどるエネルギー（energy）が，外界に対して明らかに能動的（active）に働いている場合（たとえば「走る」「争う」「踊る」「噴火する」など）と，逆にエネルギーを外部から受ける場合や，他のものに依存的な場合，（たとえば「殺される」「ぶら下る」「よりかかっている」「ねころんでいる」など）との区別は，被検者自身が図版に運動をみるときの，被検者内部における活動性のあり方を示唆するものとして，解釈にあたって重要な点となる。前者を能動性（active），後者を受動性（passive）として分類し，両者いずれにも入らない場合は不定性（indefinite）とされる。

（4）決定因における第二の特徴は，多くの研究者によって，措綜した形のままで示されている，明暗反応（shading response）の整理である。われわれは Beck の分類を主として Klopfer の考えをもあわせ，次の四つの種類に区別している。いわゆる通景反応（vista response）としての FV, VF, V と，濃淡効果をもつ灰色反応（flat gray response）としての FY, YF, Y とが，Beck の大きな二つの分類基準であるが，この後者のうち，色としての黒，白，灰をはっきり用いる反応を FC′, C′F, C′の記号で，表面もしくは材質効果のある反応は，材質反応（texture response）として FT, TF, T の記号で，それぞれ分類することにする。したがって，FY, YF, Y は必然的にレントゲン写真とか，雲，煙などといった拡散する陰影反応として，狭い意味で考えられることになる。

（5）反応の内容（Content）に関しては，Phillips, L. らにならって，反応の内容分析を今少し深く掘り下げていきたいとの観点に立って，その分類は相当多様にわたっている。その内容がいかなる範囲にまでまたがっているかによって，被検者の示す関心の範囲（Content range）がみられる。

（6）平凡反応（popular response）としては，われわれは，一応 10 の平凡反応をあげる。しかしこれはなお今後の検討をまって日本人の平凡反応の厳密な基準を定めるべきであると考える。新規反応

（original response）に関しては，他の研究者と同じく，現在の段階では，われわれの経験にもとづく統計的頻度からして，主観的に判定を行っているにすぎない。

（7）形態水準（Form level）の質的分類は，Klopfer および阪大スケールの精密な研究があるが，われわれはもっと簡略に修正したものによって一応の形態水準を評定しようと試みる。すなわち与えられた反応が，正確度（accuracy）という観点から，いわゆる良形態反応（good-form response）とされ，しかもそれらの反応が，非常に適合した特殊化（specification）として自発的に修飾され，それぞれの領域がたがいに関連をもち，一つの概念としてうまく結合（organize）されており，さらにそれらが，非常に新規な（original）反応としてすぐれた仕方で出現してくる場合に，それぞれ形態水準のために1点ずつ与えられる。したがってこれらの条件をすべて満足していれば，合計4点与えられることになる（注：現在は得点化していない）。

われわれはなお，この形態水準をプラスの形でのみとらえることなく，マイナスの指標をも合わせて検討する。そのマイナスは，不良形態反応（poor-form response）と後にのべる思考過程の障害があるか否かとによって，決定されるものであり，どのように自発的に特殊化が行われようとも，また新規な反応であっても，それらの反応の形成される過程の中に，単なる形態の不正確のみならず，以上のような思考障害が顕著であるときは，二重のマイナスが与えられることになる。

b）新しく設けられたカテゴリー

以上のような観点にもとづく標準法からの改訂は，ロールシャッハのテストプロトコルに示される，総合的構成的な諸機能を，より体系的に表示せんがためのこころみである。われわれはさらに，われわれの臨床家としての基本的立場にもとづき，従来の標準法の反省から再出発して，なおおよりいっそう総合的な人間全体に，力動的にせまり行くための方法として，名古屋大学式スケール独自の新しい二つの大きなカテゴリーを設定した。その一つは感情（Affect）のカテゴリーであり，いま一つは思考障害（Thinking disturbance）のカテゴリーである。なおサブ・カテゴリーの詳細については第一部において詳述される。

（1）感情（Affect）のカテゴリー

Rorschach 以来，ロールシャッハ反応の象徴的意味に関する分析は，臨床家にとって常に関心をひくところであって，なんらかの形で臨床的評価の重要な部分として，実際に使用されてきていた。被検者の感情的構造（affective structure）の中に横たわっている緊張（tension）が，ロールシャッハ反応をとおして被検者の構成した概念に対する感情的価値（affective value）を与えるものである，というのがその根本的な仮説ともいうべきものであり，したがって被検者は，それぞれ違った感情的価値をもつ反応をうみ出すのであって，逆に，その反応から，その被検者の感情的構造を知ることができる。このような分析は，従来質的分析の形では，多くの研究者の顧慮してきたところであろうが，それらは，ともすれば主観的解釈におちいって共通の広場において検討するような方式をもつことができなかった。解釈の客観化を目して従来の分類体系による限り，結局，これらの分析は行うことができず，したがって，この被検者の示す重要な感情的構造を明らかにしえないことになる。その反省に

立って，このロールシャッハ反応の内容に示された感情的要因を，ある程度量化しようとしての体系的な試みを最初になしたのが，Elizur, A. である。DeVos はさらにこの方法を拡大し，あらゆる内容を，包括的な標準体系の中に取扱うことのできるような，感情カテゴリーのリストの作成をこころみ，各臨床群における有意差を検証して，その臨床的適用の妥当性を示唆している。

われわれは，DeVos との協力のもとに，DeVos の最初のリストの臨床的検討を重ね，再度にわたる改訂を行って，一応次の方法で感情カテゴリーの設定をこころみ，その総合的体系化への努力をつづけてきた。第一にまず被検者の人格構造をもととしての感情的観点（affective aspect）にもとづき，ロールシャッハ反応の内容を，敵意感情（Hostility）とか不安感情（Anxiety）とか依存感情（Dependency）とかいったカテゴリーに大別した上で，第二に，そのそれぞれのカテゴリーの中に下位カテゴリーを設定し，感情的緊張（affective tension）の主なる型によって細分する。最後にそれらを従来のカテゴリーと同じように，数的指標として，各カテゴリーごとに集計する。

（2）思考障害（Thinking disturbance）のカテゴリー

臨床的に診断という立場を強調する際に，ロールシャッハ全体のプロトコルの中に，広く分散してあらわれてくる思考過程の歪曲の様相を，質疑をも含め被検者の自発的発言によって示される言語表現（verbalization）の分析からすすめていこうとする研究は，決して新しいものではない。標準的な臨床的実施法と分析法の中でも「言語内容の分析と評価」として，Rapaport の研究を中心に紹介がこころみられているが，なお伝統的な従来の分類カテゴリーほどの体系化されたカテゴリーとはなっていないし，その量化の試みをとおして，真に臨床診断に有効な業績をあげているものも，数少ない現状である。

およそ，ロールシャッハ法をとおしてみられる思考過程の歪曲は，一般に自我機能の障害とみられるべきであって，ある一定のゆがみ（stress）のもとで，思考過程が極度に収縮したりする場合や，個人の連想過程（associative process）そのものが，なんらかの力によって不当に破られたりする場合にあらわれてくる。そしてこれらの思考の歪曲・障害は，貧弱な形態反応とか，非常に風変わりな独自反応の形成とか，ブロットと無関係で自分でも説明づけられないような特殊化とか，全然不合理で了解不能な言語表現とか，非論理的で錯綜した思考概念とかといったような形で示されてくるのである。

われわれは被検者の思考過程に関するこれらの基本的立場をおしすすめ，実際に反応語とはならないような検査の場における被検者のあらゆる言語表現をもふくめて，思考過程の歪曲の過程をとおして，被検者の全体としてのパーソナリティにせまるべく，Rapaport の研究にもっとも多くの影響をうけ，さらに Klopfer や Phillips らの研究からも示唆をうけ，従来の標準カテゴリーとならんで，新しく思考過程の体系的カテゴリーを作成した。

（村上 英治, 1964 ）

3. 名大法における現象学的・人間学的視座

　前節では，名大法の具体的な分類記号（スコア）について述べられていた。創設以降に変更された部分もあるが，名大法の特色が要約されている。

　次に本節では，村上英治（1972）の論考を紹介する。これは，先駆者の一人としてロールシャッハ法発展に寄与し，1971年に逝去したKlopfer, B. の追悼として書かれたものであるが，当初ロールシャッハ法をあくまでも診断技法の一つとして位置づけ，名大法のスコアリング体系等を確立しようとしていた時期を経て，次第に「個」への人間理解，現象学的接近を重視していく過程を述懐する内容となっている。名大法創設の中心を担っていた村上自身のロールシャッハ法への熱い想いと臨床家としての姿勢が語られている。以下は，抜粋と引用（《○○》の部分は，村上の言葉）である。名大法の底に流れるものを感じ取っていただけたら幸いである。

　村上らは，名古屋大学精神医学教室に招かれクリニカル・サイコロジスト養成プログラムに参加し，ロールシャッハ法と出会い，1952年の第13回日本応用心理学会における「診断テストとしてのロールシャッハ法（第1報告）」以後，10回にわたる同主題での研究発表や，戦後初めてかと思われる解説文執筆など，《本邦における文献はほとんど皆無に近かった状況の中で，ただ遮二無二ロールシャッハ・テストにぶつかっていったあけくれであった》という。そこでの《志向性は，臨床の場において診断屋としての立場に立つその頃の私を明確に位置付けるものであった。…もちろんロールシャッハ・テストの投影法としての意義を重視はしながらも，従来の標準テスト的な操法で，臨床診断の場で対象となる患者に関する，より総合的な客観的資料を得るためのテストたらしめようとの努力にほかならなかった》。Dr. Klopfer の《ロールシャッハ・テストへの愛着と，その直感的な着想のすばらしさ，さらに何よりも，スコアリング体系の精密化へのあのエネルギッシュな意欲が，その頃の私たちを，こうした志向性へとただひとすじにかりたてていったもののように思われる》。一方，《Dr. Beck の，とくにデターミナントの簡潔さに惹かれつつあった》という。ちょうどその頃フルブライト研究員として来日したDr. DeVos との共同研究が始まり，精神分析学的オリエンテーションを背景に，Beck 方式を学んできた彼からの学びは大変魅力的で意義深いものであったと村上は述べている。そこで，カテゴリーの再整理に取り組み，従来のカテゴリーに加えて，Dr. DeVos からの示唆による感情カテゴリーを採用し，さらに，プロトコルに示された《あらゆる反応，行動のなまのすがたをそのまま数量化することへの挑戦》として，思考・言語カテゴリーを作成した。

　1960年から2年間は村上がフルブライト研究員としてDr. DeVos のもとへ渡米した。帰国後は，《クリニカル・サイコロジストとしての歩みの中で，私は自らそれ以前の私の変革を意識する。伝統的な心理学における科学性を基盤としての人間探索を学んできた私自身，ひとりの人間への迫り方に，やはり従来どおりの科学的な操作を通して，より客観的・公共的なものに高めていきたいとする願い

が，根底にこれは今もなおうごめくことを否定しがたい。ロールシャッハ・テストへの取り組みの中での私のそれまでの志向性はまさしく，こうした客観的志向であり，その意味で診断屋とよばれるにふさわしかった。しかしながら，私が臨床家として患者の前に立つとき，その立つことの意味は一体何であろうか。いつから何を契機にそうした意味の問いかけが私の中に沸き起こってきたかを，私は知らない。しかしともかく，それらの問いかけの前に答うべきすべを失い，ただ立ち尽くす私がいたことは間違いない。そうした私の面前に立つ，その人自身の問題は，彼にとってまさしく一回限りの現象である。そしてそれとともに，私に出会ったという，その現象的事実そのものが，やりなおしのきかない，いうなれば運命的な出会いですらある。「ともに」世界を分かちあう人間的出会い，実存的な交わりは，この時激しく相手を客体化し，対象化する眼を拒否する。ひろく現象学的・人間学的接近へのいざないは，こうした視点に立つとき，私を激しくゆり動かし，ゆさぶりかけてきた。》

《ロールシャッハ・テストをとおしての臨床の場の中での私自身の実践的営みも，このときただちに，従来の客体化し，対象化する志向性の否定へと連ならねばならない。あるいはロールシャッハ・テストそのものを捨てねばならないのかも知れない。（…中…）臨床的状況におけるロールシャッハ法をとおしての，人間への接近のありかたとして，従来の行動科学的立場に立っての「探索」をつづけてきた志向性が，ここで明確に現象学的「問いかけ」へと変革していく。……臨床とは何か，臨床心理学とは何か，そこでの心理臨床家のあるべきすがたが，今日的視点の中でさらにまた改めて問い直されることが要請される時代，私自身のロールシャッハ法とともにの歩みの志向性におけるこの種の変革は，きわめて重要な意味をもつように思われる》。

村上の思索はさらに進められる。《Rorschach, H. が *Psychodiagnostik* の中で意図したロールシャッハ反応のサイン設定は，現象学的視点に立つとき，本来高度の抽象化であると考えられる。それらの本質直観的把握に立ってのロールシャッハ・プロトコールを通しての人間理解が，次第次第に，とくにアメリカ実用主義的思潮の中で，数量化の方向性の強調という点に写され，いうなればそれらサインが，独立して独り歩きしていくありかたを，私たちはふたたび反省し，みなおす必要があると考える。サインそのものの現象学的意味を再検討することの必要性，そしてそのサインの意味づけの中に，人間主体の動かしがたい参加をよみもどすことによって，「形の世界」と「内容の世界」の統合化の作業が初めて可能になるであろうし，そこでこそ改めて，「問いかけの学」としてのロールシャッハ法を通しての現象学的接近の重要性が強調されるのではないかと思われる。具体的な臨床の場のなかでの，私自身のロールシャッハとの取り組みは，このような視点に立って，今後より多くの症例を通してその実証性を努めていくことによって明確化せねばならない。ゆきつくところは遠いにしろ，私は私の仲間とともに，これらの道を，たどたどしくも，これからもなお歩んでいきたいと考える。》と結んでいる。

最後に，村上ほか（1977）『ロールシャッハの現象学』からの引用を紹介しておきたい。

《たった 10 枚のカードである。それが何故これほどまでにわたしたちをひきつけるのであろうか。ロールシャッハ図版との出会いはたとえ偶然であっても，以後それにやみつきになる多くの人がいる。

考えてみれば私もまたそのひとり，はじめてロールシャッハ図版に接してもう四半世紀が過ぎた．その間，いかに多くの人びとから数多くの反応を投げかけられてきたことであろうか。どこにでもみられる，きわめてありふれた反応に終始した人もいる。あるいはまた，きわめて個性的な，まさしく幻想的といってもよい，めくるめくばかりの反応をさし出してきた人もいる。あいまいな図版をさしむけられて，ともかくそれへの反応を余儀なくさせられ，とまどいつつも，ためらいつつも，あたりさわりのない対応で返してきたり，あるいは敢然とその未知の世界に探索的に挑戦していったりする，それらの人びとが投げかけた反応のひとつびとつが，いかばかりその人びとの生きざまと，重くかつ強く結びついているものであろうか。…なま身の人間そのものに，とらわれのない眼をさし向け，その根源的本質からしても，世界の開けであり，明らめである人間へのアプローチとしての，いわゆる現象学的視座を，ロールシャッハ法をとおしての場合でも明らかにかかげていきたいとの思いは，こうして育ってきたものといってもよい》。

　村上らによる名大法の「人間学的現象学」への歩みは，次世代のロールシャッハ学徒に対するメッセージそのものであり，行動科学的方法論が跋扈する現代においても再認識することが重要であろう。

▶序章において用いた文献

〈1節・2節〉
村上英治（2018）ロールシャッハ・テストと私――Dr. Klopher から学んだもの―― 東京ロールシャッハ研究会（編） ブルーノ・クロッパー追悼特集 ロールシャッハ研究, XIV　牧書店, pp. 143-148.
名古屋ロールシャッハ研究会（2018）ロールシャッハ法解説. 金子書房.
〈3節〉
村上英治・渡辺雄三・池田博和・細野純子（1977）ロールシャッハの現象学――分裂病者の世界――. 東京大学出版会.

第1部
実施方法

　第1部では，名古屋大学式技法によるロールシャッハ法（以下，名大法）の実施方法について解説する。

　ロールシャッハ法には多くの学派が存在し，実施法も少しずつ異なっている。その中で名大法は，序章において村上（1964）が述べているように，「臨床家としての立場」を強調し「検査の場」を重視する視点をもち，臨床の土壌のうえで継承され育てられてきたところに特徴がある。名大法が人格査定法として信頼性と妥当性を満たすためには，一定の方式に従って実施されなければならないことは，他のロールシャッハ技法および心理検査全般と同様であることは言うまでもない。加えて，被検者が安心・安全に名大法に臨み，自分自身を十分表現できるためには，被検者の諸条件に応じて柔軟に対応することも検査者には求められる。「検査の場」は一定の条件下で行われる課題場面であると同時に，図版を挟んだ検査者と被検者との対人場面としての側面ももっていることに留意したい。

1章　準備段階から検査実施まで

　本章では，名古屋大学式技法によるロールシャッハ法（以下，名大法）の実施方法について，その準備段階から検査実施に至る手順と留意事項について説明する。

1. 検査の場（Test situation）——準備段階

（1）検査室

　検査室は採光がよく，静かで，被検者の集中の妨げとなる刺激のない，あまり広くない部屋がよい。

　座席の位置は，図 1-1 のように検査者は被検者の右側に座るのがよいと思われる。机の角を挟んで斜めの位置に座る方法は，対面して座る方法よりも被検者の心理的緊張や不安を和らげる効果がある。ただし，この位置に固執する必要はない。検査者が被検者の視界に入ることによって被検者に与える影響を最小限に抑えるために，検査者と被検者とが180 度の横並びに座る場合もある。

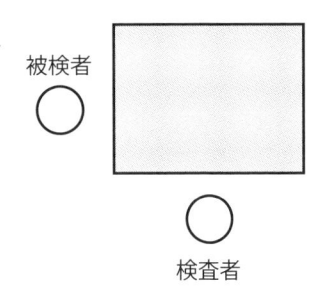

図 1-1　座席の位置

（2）検査用具

　検査に入る前に，図版は裏向きにしてカード I が一番上になるよう順に重ねて置いておく。　図版に汚れが付着していないか注意する。また，記録用紙（名大式）がそろっていること，筆記用具と秒針付きの時計（もしくはストップウォッチ）が準備されていることを確認しておく。検査用具の持ち運びは，必要に応じてカバンやケースなどに収納して行う。

（3）検査導入時の留意点

　検査者は検査導入前に，被検者の不安や緊張を解き，被検者が自由に話すことができるような雰囲気をつくる。被検者との間に望ましい人間関係をつくっておく（＝ラポール形成）ことが，信頼性の高い検査結果につながる。

　また，被検者のプライバシーの保護と人権に配慮し，インフォームドコンセントを行っておく。具

体的には検査の目的や検査を受けるに至った経緯，また検査経験を確認する。加えて，検査によってどのようなことがわかるのか，検査結果を誰にどのような形でフィードバックするのかといったことを，被検者の年齢や状態に応じて説明し，被検者の同意を得ておく。検査実施に対する不安が高い場合には，決して無理強いはせず，理由など尋ね，まずは検査に対する不安や抵抗を軽減するための対応をするとよい。ロールシャッハ法の実施は，被検者の状態によっては，心理的に大きな負荷となる可能性がある。そのため，臨床場面で実施する際には，被検者のその日の体調や心理状態などを確認し，実施可能であるのか十分見極めておくことが必要である。

　なお，実施状況に応じて，記録用紙の表紙に被検者の情報をその場で書き込むとよい。記録用紙の記載方法については，p. 26 に説明がある。

2. 自由反応段階（Performance proper）

　ロールシャッハ法は，自由反応段階と質疑段階の2段階構成となっている。自由反応段階では，10枚の図版を1枚ずつ被検者に手渡し，図版が「何に見えるか」答えを求める。この問いへの答えが「反応」とみなされる。検査者は，被検者が示した「反応」とともに，「検査の場」において被検者が表した言語表現と行動態度のすべてを，できうる限り客観的に克明に記録する。この記録が，後に解説する分析・解釈における情報源となる。

　ここではまず，自由反応段階の実施法について述べる。

(1) 教示 *

　被検者には以下のような教示を行う。

　「今からいろいろな図版を見せます。それが何に見えるか（どんなものに似ているか）言ってください。何に見えてもかまいませんし，図版はどんな風に見てもよいのです。そしてもう他に見えなくなったら返してください。」

　このような教示を行い，見えたものを自由に何でも言えばよいことを伝える。なお，被検者の年齢，理解力に応じて言葉遣い等の表現は適切に調節するとよい。

　やり方について質問があったときは，「どんな風にやってもかまいません」，「あなたの思った通りに」というように答え，自由にやってよいことを伝える。「図版を回してもよい」ということは教示では言わないが，もし質問があれば前述同様に答える。

---

* 旧マニュアル（1999年改訂版まで）は，次のような教示となっていた。「今からいろいろな図版を見せます。しかし図版といっても別に何かを書いたというものではありません。そこで，この図版が何に見えるか，どんなものに似ているかをおっしゃってください。もちろん，何に見えてもかまいませんし，間違いとか正しい答があるというわけでもありません。この図版を見てあなたが思ったこと，頭の中に浮かんだことを何でも遠慮なく話してくだされればいいわけです。図版はどんな風に見てもかまいません。そして他に何もなくなったら図版を返してください」。しかしながら下線部分は図版から離れた自由連想を促進させる。そこで，2018年のマニュアル改訂に際して，教示として必要な内容のみを示すよう変更した。

（2）検査手順

①教示を行い，やり方についての質問に応じた後，ただちにカード I を被検者に手渡し，「これは何に見えますか（似ていますか）？」と問う。

②同時に時間の計測を開始する。

③被検者が図版を手に取らないときには，「手に持って見てください」と伝え，図版をもう一度手渡すなどする。それでも被検者が図版を一度手に持った後に，机の上などに置いた場合には，それ以上の強制はしない。

④被検者が「もうありません」と言ったり，反応が出なくなったら図版を戻すよう促し，反応時間の計測を終了する。

⑤受け取った図版は伏せて置き，次の図版（カード II）を手渡しながら「では，次にいきましょう」，「これはどうですか？」のように声をかける。以上の手順をカード X まで繰り返す。

⑥時間の計測や図版の回転等含め，記録の仕方の詳細は 2 章にて後述する。

（3）検査者からの 励まし

　被検者が教示を十分に理解していなかったり，緊張して反応することを躊躇しているように見えた場合，あるいは 1 枚の図版に 1 個の反応をすればよいと考えて，反応を一つ答えただけですぐに図版を返すような場合には励まし（Encouragement）を行う。通常，「この図版は何に見えますか（似ていますか）？」と教示の要点を繰り返し伝えるか，「他にはどうですか」のように言う。

①励ましは反応を強要するものであってはならない。

②原則カード III までにとどめる。しかし被検者の年齢や知的水準，状態に応じて，カード IV 以降においても励ましを行うことは差し支えない。

③逆にあまりにも反応が多すぎたり，反応と反応までの時間が長くかかりすぎたりする場合には，「もうよろしいでしょうか？」，「もう何も見えないようでしたら，カードを返してください」などのように声をかけて切り上げる。

④被検者によってはカードを手に持ち続けている場合もあるため，被検者が他にもう何も見えないそぶりを示したり，沈黙が続くときには同様の声かけを行う。

⑤これらの声かけを行う目安は，これまでのマニュアルでは 1 枚の図版に最大で 10 反応，時間にして 10 分くらいまでであろうとされていた。ただし，臨床経験からは 1 図版につき 10 反応，10 分は長いと感じている。カード I においては原則制限をかけずに被検者の反応スタイルを尊重し，カード II 以降，同様の傾向が続く場合には反応数にして 5 個，時間にして 5 分程度を目安として打ち切る方法が妥当と思われる。

（4）実施中の留意点

①被検者が応答している間，検査者は被検者の反応産出過程の流れを遮ることのないよう留意し，

　被検者の反応を黙って聞きとり，もっぱら聞き手に終始し，被検者の発言内容と行動態度のすべての記録に努める。

②検査者の何気ない言動であっても暗示的に被検者に影響を与えかねない。必要最小限のうなずきや「はい」，または被検者の発言の繰り返し（オウム返し）程度の応答は許容されるが，そのような検査者の発言も分析・解釈上の情報となるため，できる限り記録しておく。

③記録に際しては，被検者の気をそらせたり，被検者が時間を気にしたりすることのないよう，十分注意する。

④幼児の場合には図版ごとに自由反応を求めた後に続けて質疑を行う場合もある。

⑤被検者の様子をよく観察し，不安や恐れなど動揺が強く見られるような場合には，中止・中断も含め適切に対処する。

3. 質疑段階（Inquiry）

　自由反応段階が終了したら，直ちに質疑段階に入る。

　質疑段階は，自由反応段階で出された反応が，どのように生み出されたものであるのか，その知覚過程を被検者の心的過程に即してとらえていこうとするものである。質疑によって得られた言語的情報は，後述する分類記号化（スコアリング）の手がかりとなるため，できうる限り逐語的に記録しておくことが必要となる。

　検査者は質疑を通して，自由反応段階における被検者の体験を追体験することになる。この作業は，カウンセリング場面において，カウンセラーがクライエントの体験をその言語表現から理解する（把握する）過程と同様の作業過程と考えられる。

(1) 教示

　自由反応段階が終わったところで，再びカードⅠに戻って次のように言う。

　「さあ，これで一通り終わりました。この図版が今いろいろなものに見えたわけですが，どうしてそう見えたのか，この図版のどこが，どんな点からそう見えたのか，ということについて説明していただきたいのです。それでは，もう一度カードを初めから見てもらいます」。

　ここでいう「どうして」とは，why ではなく，how の意味での質問である。

　教示を終えたら，カードⅠを被検者が反応したときと同じ向きになるように見せる。そして反応を逐語的に読み上げ，質疑を開始する。具体的には，個々の図版，たとえばカードⅠで「『これはコウモリに見える』とおっしゃいましたね。どうしてそう見えたのでしょうか。コウモリに見えたのはどこが，どんな点からでしょうか？」というように聞く。検査者は，被検者の心的過程を追体験できるように質疑を行う。

（2）質疑で明らかにすべき点

1）反応領域（Location）

　反応がインクブロットのどこの領域を用いた反応なのか，全体か，部分か，空白部分かなど。たとえば「女の人に見えたのはどこですか？」と質問して領域を確かめる。

2）決定因（Determinant）

　反応がブロットのどんな性質を用いて反応されているのか，形態，運動，陰影，黒白，色彩など。たとえば「大男に見えたのは，どうしてですか？」，「この図版のどんな特徴からそう見えましたか？」，「それに見えた決め手はこの図版のどんな点からですか？」のように尋ねる。

3）反応内容（Content）

　反応の内容は何か。動物か，人間か，など。通常は自由反応段階での言葉に示されているので，とくに質問をする必要は生じない。ただし，たとえば，「顔」という反応の場合に，それが動物なのか人間なのか，顔だけなのか体全身なのか等が不明であったり，「魚」という反応の場合にそれが生きている魚なのか，食べ物としての魚なのかが不明であったりする。そのような場合には分類記号化（「3章　基本カテゴリーの分類記号化」を参照）の際に必要となるため，「もう少し教えてください」などのように間接的な質問をして確かめておく。

（3）質疑についての留意点

①検査者は分類記号化をふまえたうえで，不用意な暗示的な質問や誘導的な質問の仕方にならないよう，慎重にして周到かつ包括的な質疑を行う。たとえば「どんなコウモリですか？」とか「何をしているのでしょうか？」，「そう見えたのは形からですか？　色からですか？」などというような質問はしてはならない。

②質問の原則は，被検者が使った言葉をそのまま用いて聞くことである。たとえば，「この辺の感じが毛のように…」に対しては，「この辺の感じといいますと…」と尋ねる。「羽のある生き物」という反応について，「鳥というのは？」などと言い換えて聞くことはしない。

③被検者の反応の言語表現に沿って，一つひとつ質問をしていく。たとえば「クマが遊んでいるみたい」に対しては「クマに見えたのは？」，「とくに遊んでいると見えたのは？」というように聞く。

④質疑に対する被検者の応答があいまいであったりして確かめられないときには，「あなたが見えた部分を指で囲って教えてください」，「もう少し詳しく教えてください」のように求める方法もある。しかし，通常は検査者から積極的には求めず，被検者の自発的な言動を尊重する。被検者の知覚や思考，概念形成のあり方の特徴（あいまいさ，厳密さなど）を見極めながら，過不足ない聞き方をする必要がある。

⑤あいまいな応答に対して質問を重ねて厳密に確認していくことは，慎重さを要する。被検者の言語化のありようも，後の解釈の対象となるため，自覚できていない心的過程を無理に言語化させようと，しつこく質問を重ねることは慎みたい。

⑥反応拒否（Rejection）図版に対する質疑：反応が一つも産出されなかった図版に対しては，再度「今見ると，どうですか？」と尋ね，それでも反応が産出されなければ，そのままにしておく。

⑦付加反応（Additional response）への対応：質疑の段階で被検者から自発的に「今見ると，〇〇に見えます」のように新たな反応が出されることもある。その場合は「付加反応」として記録し，自由反応段階での反応同様に領域，決定因，内容を尋ねておく。ただし，総反応数には含めない。

⑧反応の撤回への対応：質疑段階において，自由反応段階での反応を「今はそれには見えません」などのように否定した場合には，被検者の考えを受け止めつつ，自由反応段階ではどう見えていたのか，覚えている範囲内で答えてもらい記録する。

4. イメージ図版の選択

　最後に，10枚の図版すべてを机に並べ，以下のイメージ図版を選択してもらい，選んだ理由について尋ねておくとよい。

①好悪イメージ図版（Most Liked Card: MLC, Most Disliked Card: MDC）：「この中であなたが一番好きなカードと一番嫌いだと感じるカードはどれですか？」と尋ねる。

②自己イメージ図版（Self Image Card: SIC）：「あなたのイメージをあらわしているようなカードを選ぶとしたらどれがよいですか？」などと尋ねる。イメージをあらわすという表現がわかりにくいようであれば，「似ていると感じるカード」，「ピッタリくると感じるカード」などと言い換えて問うてもよい。

③父親イメージ図版（Father Image Card: FIC），母親イメージ図版（Mother Image Card: MIC）：「あなたのお父さん（お母さん）のイメージをあらわすようなカードはどれでしょうか？」などと尋ねる。その他，関係の深い家族や影響の大きい他者などがいれば尋ねる。

　これらは解釈の際に補足資料として大いに役立つ。この段階で，自由反応段階や質疑段階では述べられなかった反応の詳細な知覚や連想が語られる場合もある。もちろんここで得られた情報によってスコアが変更されることはない。

④自由反応段階および質疑段階でも反応が産出されなかった図版に対しては，「この図版からはどんな印象を受けますか？」のように尋ねておくこともできる。これにより，反応が産出されなかった心的過程に関する情報が得られる可能性がある。

5. 限界吟味（Testing-the-limits）

　一般的に産出されやすい反応がまったく見られなかった場合などに，質疑段階の後で，そうした反応について確認することがある。これは標準的な施行方法の中には入らないので，普通は施行しない。とくに初心者には推奨しない。また，再検査を実施する可能性がある場合には，避けるべきである。限界吟味で得られた情報は，反応が産出されなかった心的過程を確かめることができる点では，意義のある参考資料となるが，これによってスコアが変更されることはない。

（1）人間運動反応

　人間運動反応（M）は解釈上重要な役割を果たしているので，人間反応（H）を見ながら運動を知覚していない場合に，どの程度 M 反応を見ることが困難であるか確かめる。たとえば「先ほどこの図版では『人に見える』と言われましたが，もう少し説明してください。」などのように尋ねる。ただし経験的には，この点について限界吟味を必要とすることはめったにない。

（2）色彩反応

　色彩カードに花とか青虫などを反応しながら，決定因として色彩が述べられなかったときなどに，色彩効果が関与していなかったかどうかを誘導的にならないように確かめる。たとえば「これは花と言われましたが，花に見えたのは形だけからでしたか？」のように尋ねる。色の関与が自覚されなかった場合には，「色は関係していませんでしたか？」と続けて確認することもできる。また「初めから気づいていましたか？　私が尋ねてから見えたのですか？」などの質問により詳細な情報を得ることができる。

　また形態色彩反応が一つも見られないときには，通常形態色彩反応が見られやすい箇所を選んで指摘し，形態と色彩を両方用いて知覚できるかどうかの潜在的な力を吟味することも可能である。たとえば，カードIX下部の赤い領域やカードXの下部中央を指して「ここだけ見ると何に見えますか？」のように問う。ただし，誘導的かつ限定的な質問は，正しい回答が存在するかのような誤解を招きやすく，また再検査に影響があるため，不用意に実施すべきではない。

（3）陰影反応

　カードIVなどに毛皮を見ながら，陰影効果を自発的に述べず「形が似ているから」とのみ説明しているようなときに，濃淡が関与しなかったかどうかを尋ねてみる。これによって，濃淡知覚の潜在的感受性が吟味できる。尋ね方としては「毛皮に見えたのは形だけからですか？」のように誘導的にならない質問が推奨される。なお本来は，すでに質疑段階において，陰影の関与について説明を求めているはずであるため，このような限界吟味を必要とすることはあまりないと考えられる。

（4）平凡反応

　平凡反応が ほとんど見られないときに，平凡反応がこちらの指示によって知覚できるかどうかを確かめることもある。たとえばカードⅢを示して「この図版に人を見る人がいますが，どうですか？」のように尋ねる。カードⅧを示して「動物を見る人がいますが，あなたには見えますか？」のように尋ねてみる方法もある。ブロットの領域を区切り，限定した箇所を指し示して，同様に質問する方法もある。

　このような限界吟味は，自由反応段階において反応数が少なく反応拒否が多い被検者に対して行っておくと，「見えてはいたが，言わなかった」，「最初見たときは見えなかったが，そう言われると見えなくもない」など，被検者の心的過程や知覚のあり方について有意義な情報が得られやすい。

6. 検査終了時の留意点

①検査は一連の行動である。したがって，自由反応段階，質疑段階ともに，カードⅠからカードⅩまでを継続した流れとして扱う。イメージ・カードの選択や限界検査が終了するまで一連の検査の流れとしてよどみなく行うことが必要である。

②すべての検査が終了したら，被検者の心身の状態に配慮し，検査への協力をねぎらう言葉をかけるとよい。必要に応じて感想や印象を尋ね，疑問点への対応を行う。

③万が一，疲労や消耗が大きく，実施したことによる動揺が見られる場合には，適切な対応をしておくことが検査者としての責務である。ロールシャッハ法に限らず，心理検査全般の実施が意図せずして，被検者の過度な不安を生じさせていないか配慮しながら実施したい。

④記録用紙の管理にも十分な配慮を要する。とくに持ち運ぶ際には封筒に入れるなどの慎重さが求められる。

2 章　実施時の記録方法

　名大式技法の記録用紙は，実施の際に図版ごとに自由反応・質疑段階とスコアリングを記録する 5 枚（表裏面で計 10 面）のブランクシートと，それらを挟み込んだ 3 つ折りの用紙（表紙，反応一覧表，スコア一覧，形式分析，思考・言語カテゴリーを記載）から成っている。

　本章では，表紙および 5 枚（10 面）のブランクシート（実施における自由反応段階，質疑段階）の記載方法について説明する。なお，章末には記録用紙の全ページを掲載した。

1．表紙の記載

　表紙の記載方法については以下を参考とするが，主訴以下のスペースは検査者の裁量で自由に記載できるようにスペースを大きくしているので利用してほしい。アセスメントの原則として，心理検査結果のみで分析・解釈することは不可能に近い。被検者の現在の臨床像をはじめ，主訴，現病歴，家族構成などアセスメントにおいて重要な情報は把握しておきたい。これらは，カルテ等に記載があれば，それを参照し，あるいは，検査実施前のラポール構築の段階で話題にすることも可能である。検査者の中立性は重要であるが，一方，安心して信頼できる検査者であること，自分に関心を向けてくれていることを被検者が感じ取ることのできる場をつくることも重要である。なお，記載項目によっては，被検者が抵抗を感じる内容も含まれるため，同席の場での記載は慎重かつ柔軟にするとよい。具体例は，p. 145 に示しているので参考にしてほしい。

ID ／氏名
　医療機関などで ID のある被検者の場合には，氏名に加え ID を記載する。

検査日時／検査者／依頼者／診断名
　検査日時の項には，検査年月日のみでなく，検査に要した時間は解釈において重要な情報となるものであり，必ず記載すること。依頼者がたとえば主治医である場合には主治医の名前（A 先生など），ワーカー室の依頼など他部署からの依頼である場合にはその旨を記載すること。診断名がついている場合には重要な情報となるものであり記載しておくこと。

表紙

名大法ロールシャッハ記録用紙

ID： 氏名	● 検査日時 　　年　　月　　日　　　：　～　　：
● 検査者：	● 家族構成
● 依頼者：	
● 診断名：	
● 生年月日：　　年　　月　　日	
● 年齢：	
● 性別：　□ 男性　　□ 女性　　□ その他	
● 教育歴：	
● 職業：	

● 主訴および現病歴

● 検査状況

・臨床像／検査態度 など

・他の心理検査 など

（その他）

名古屋ロールシャッハ研究会編　　発行／福村出版株式会社　　　　　　　　本用紙の無断転載・複製・複写を禁じます。

生年月日／年齢／性別／教育歴／職業

　いずれも分析・解釈において重要な情報である。教育歴は，知能検査を実施しない場合や，ロールシャッハ法の形式分析から知的機能の問題が疑われる場合に，その背景を検討する情報となる。また，職業については，可能な限り職種，転職歴なども情報として把握できることが望ましい。

家族構成

　現在の同居家族，被検者によっては，原家族の情報も必要な場合がある。医療機関では多くの場合，カルテに記載されている内容であり，それを参考にすればよい。可能な範囲で家族構成員のイメージ（どんな人か）を聴いておくとよい。

主訴および現病歴

　医療等の支援機関で，すでに情報が入手されている場合には，検査前に必ず目を通して転記する。不足部分について可能な範囲で聴取し，記載する。

検査状況・臨床像／検査態度など／他の心理検査

　検査時の臨床像のみでなく，他の場面（入院病棟や入所施設等）での臨床像も把握できれば記載する。検査態度については拒否的態度であったのか，協力的であったのか，注意散漫な状態であったのか，などどのような態度で臨んでいたのかを記載する。他の心理検査は，ロールシャッハ法の分析・解釈においても参考とすることが多く，重要な情報である。

2. ブランクシートの記載

　検査者は検査開始と同時に，各図版のブランクシートの所定の欄に以下の記録を行う。記載の仕方について具体例を表2-1に記した。

（1）時間の記録

①初発反応時間：どの図版についても，被検者が図版を受け取ってから最初の反応をするまでの時間を記録する。
②反応継起時間：初発反応に続く反応については，必須ではないが，それぞれの反応が出された時間を可能な限り記録しておくとよい。後の解釈の際の参考資料となる。
③反応終了時間：「もうありません」と反応をやめて図版を検査者に返したときに，その時間を記録する。

表 2-1 カード I のブランクシート（反応記録）の具体例

時間	位置	自由反応段階	質疑段階
3″	∧	何に見えてもいいですか？	〈これは最初に蛾とおっしゃいましたね。蛾というのは？〉
		〈はい，あなたの見えた通りでよいです〉	
13″	∧	蛾に見えます。（図版を置く）	これ羽で，胴体で（ブロットを指しながら），全体をパッと見て，羽を広げたように見えます。
		〈他にはどうですか？〉	
		（持つ）	
44″	∧	コウモリ。	〈コウモリというのは？〉
		（廊下の足音に振り向く）	やっぱりコウモリも，やっぱり羽を広げたような。
	∧		羽を広げてはばたいている。（W を囲う）
	>	それから，何か…	
1′10″	∧	イヌ，イヌの顔のように…	〈イヌの顔というのは？〉
	◉		ここととここです。（D_4 を指しながら）。影絵のよう。イヌでも鼻の長いシェパードのようなイヌ。
			〈影絵のようというのは？〉
			ええと，目も，目とか，立体的ではなくて，そして，黒くて，影絵のように見えます。
			〈鼻の長いシェパードというのは？〉ここが（d_5 を指す）長い鼻のように見えます。
1′26″		もう見えません。（図版を返す）	

（ ）は，被検者の動作。〈 〉は検査者の言葉。

（2）図版の位置（Position）

反応産出の際の図版の位置（表 2-2）に示した記号について記録する。

表 2-2 図版の位置

正位置	∧	検査者から手渡された通りの向き
逆位置	∨	検査者から手渡された向きとは逆の向き
右向き	>	被検者から見て正位置上部が右向き
左向き	<	被検者から見て正位置上部が左向き
	◉	カードをぐるぐる回転させている場合

（3）自由反応段階および質疑段階

　反応はどこまでも，被検者の発言した言葉どおり逐語的に記録する。被検者がどのように表現したかということも後の分析・解釈の際に資料となるため，「コウモリ」とのみ言った場合と，「コウモリです」とか「コウモリと違いますか？」などの表現の違いを忠実に記録する。

　なお，反応とはみなされない無関係なひとりごと，感嘆詞，検査者に対する質問なども，そのたびにすべて記録する。

　また，非言語的表出も解釈に重要な情報である。言葉にならない態度や動作，表情は，（　）に入れて，（しかめ面をした），（笑いながら反応）とか（目を細めて図版を見た），（図版を遠ざけてみる）とか，（自動車の音を気にして横を向いた）のように，そのつど忠実に記録する。

　検査者の言葉は，被検者の言葉と区別できるよう，〈　〉内に入れて記録する。

　反応が一つも産出されなかった図版においても，表2-1のようにそのときの言動は記録したうえで，「Rej」として記録する。

　質疑段階においても，できるだけ逐語的な記録を心がける。被検者による反応の説明については，各カードのブランクシート右下にあるインクブロット図に書き込みをすることにより，反応領域が後でわかるようにしておく。質疑段階において「あっ，今見ると，チョウに見えます。」など追加の反応が産出された場合には，「add.」など付加反応であることがわかるようにして，反応と説明を記載する。検査者の発言については，「○○に見えるとおっしゃっていましたが，それはどうして…？」などの決まり文句は適宜，省略（短縮化）が可能であるが，その後の被検者の発言が，質問や促しによるものか自発的なものかが区別できるように，記載の仕方を工夫する。

3. 実施後の記録の整理

　ブランクシートのスコアリング項目〔反応領域（Location），決定因（Determinant），反応内容（Content），P，感情（Affect），思考・言語（Think Comm.）〕については，検査実施後に記入し，記録用紙の一覧表に転記する。スコアリング（分類記号化）の方法は3〜4章で詳述し，算出した指標の記録用紙への記載方法については，5章で説明する。

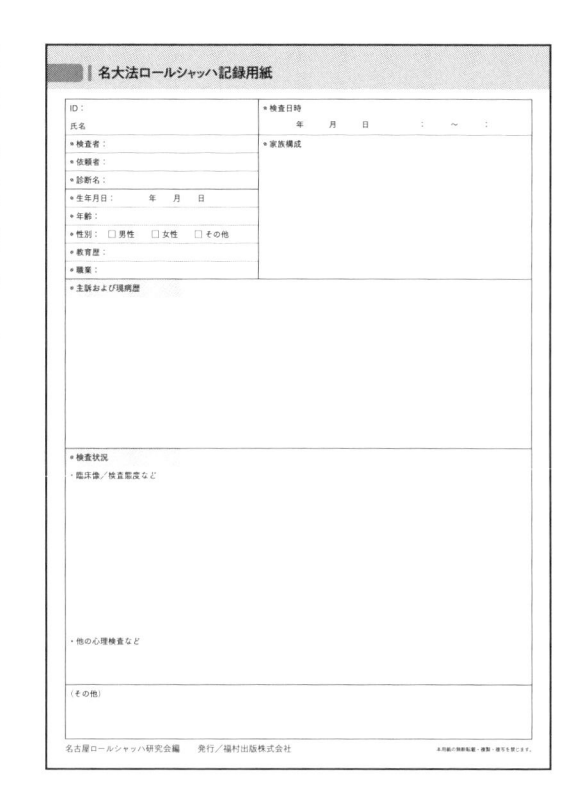

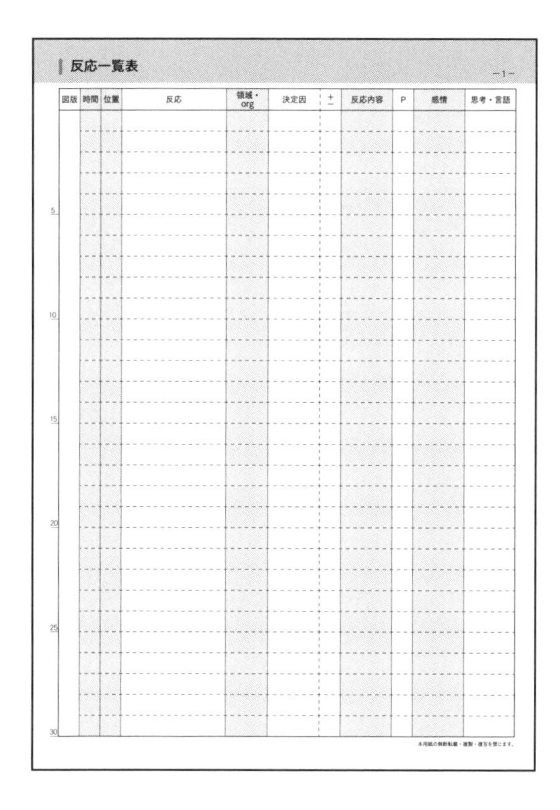

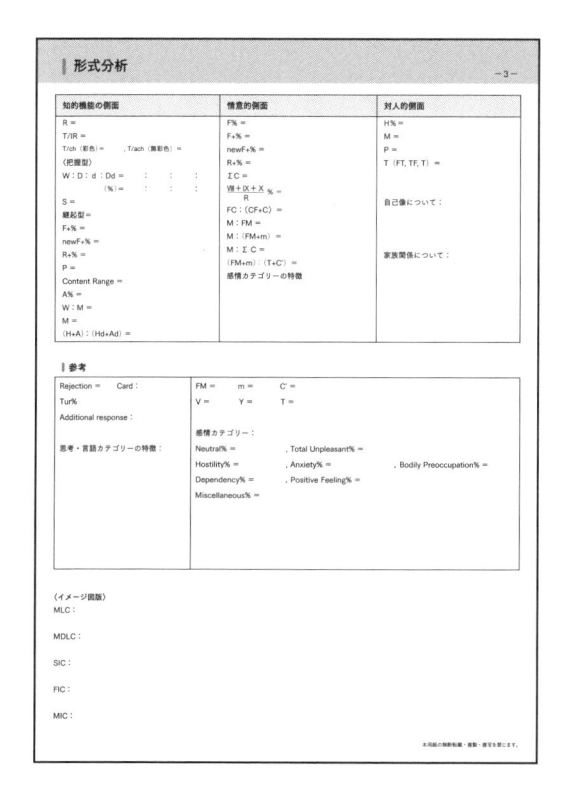

ブランクシート

Card Ⅰ

時間	位置	自由反応段階	質疑段階	領域・org	決定因	±	反応内容	P	感情	思考・言語

No.

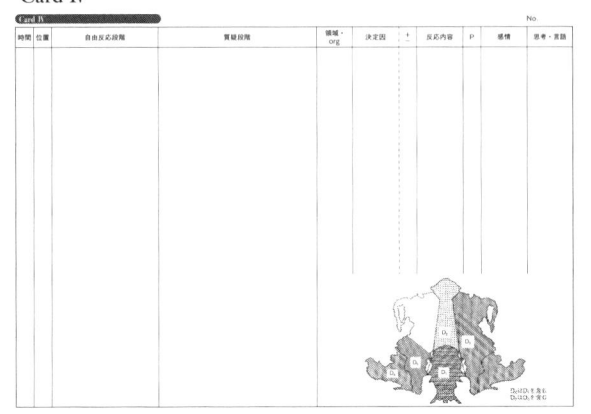

Card Ⅱ

時間	位置	自由反応段階	質疑段階	領域・org	決定因	±	反応内容	P	感情	思考・言語

No.

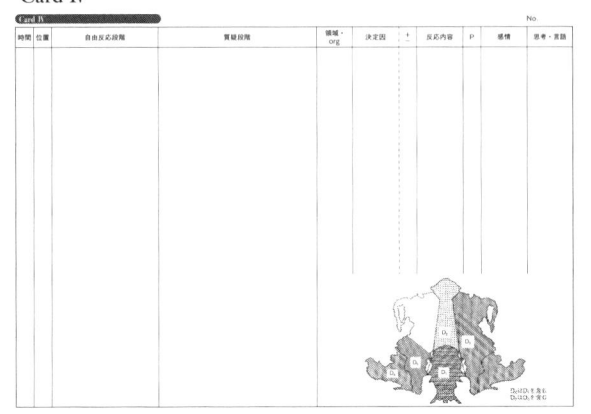

Card Ⅲ

時間	位置	自由反応段階	質疑段階	領域・org	決定因	±	反応内容	P	感情	思考・言語

No.

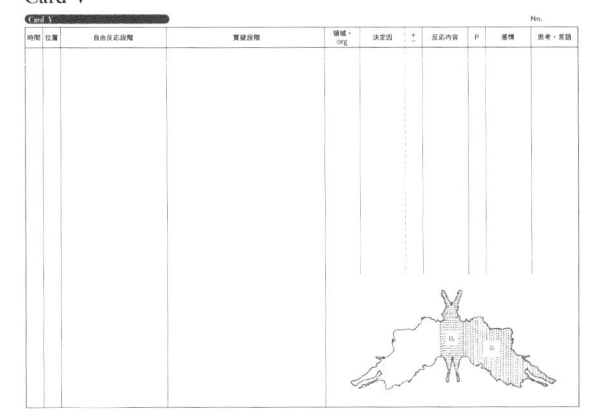

Card Ⅳ

時間	位置	自由反応段階	質疑段階	領域・org	決定因	±	反応内容	P	感情	思考・言語

No.

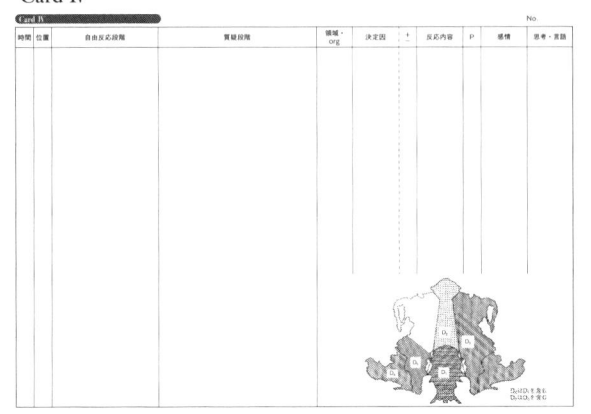

Card Ⅴ

時間	位置	自由反応段階	質疑段階	領域・org	決定因	±	反応内容	P	感情	思考・言語

No.

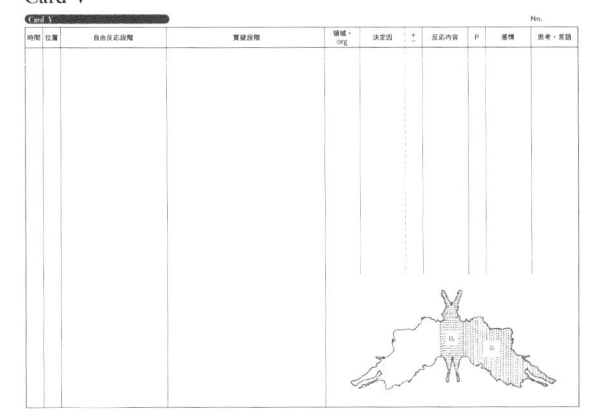

Card Ⅵ

時間	位置	自由反応段階	質疑段階	領域・org	決定因	±	反応内容	P	感情	思考・言語

No.

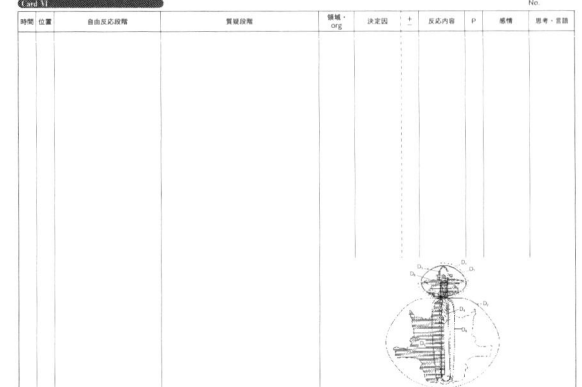

Card Ⅶ

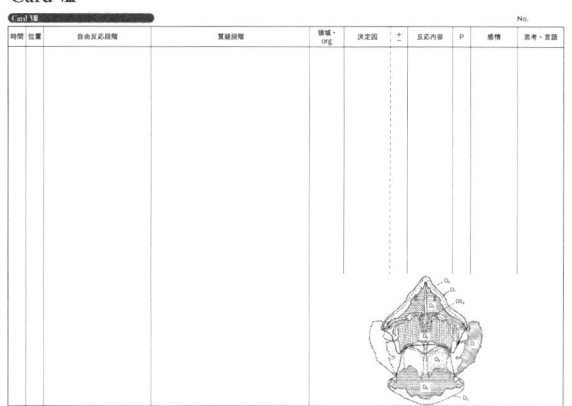

Card Ⅷ

Card Ⅸ

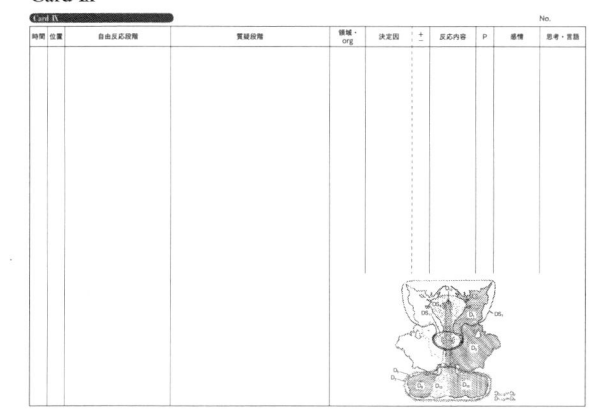

Card Ⅹ

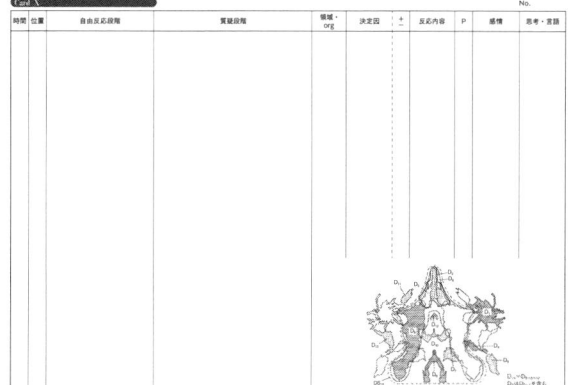

第Ⅱ部
結果の整理——反応の分類記号化

　第Ⅱ部では，ロールシャッハ反応の名大法による分類記号化（スコアリング）の基本について述べる。最初に反応数・反応時間等の把握の仕方を，次に「反応領域」，「決定因」，「形態水準」，「反応内容」，「平凡反応（P反応）」といった基本カテゴリーの分類記号（スコア）の種類とその具体例を示した。それぞれの分類記号の心理学的意味づけは第Ⅲ部6章で解説する。名大法独自のカテゴリーである「感情カテゴリー」および「思考・言語カテゴリー」については，読者にとってあまり馴染みのないものでもあることから，分類記号（スコア）とその意味を含めて第Ⅱ部4章にて詳述する。

　分類記号化とそれにもとづき算出された各種指標は，分析のための資料となる。分類記号（スコア）の集計と指標の算出方法およびその結果を記録用紙に記載する方法を5章にて説明しているので，活用してほしい。

3 章　基本カテゴリーの分類記号化

　本章では，最初に，反応数・初発反応時間等の把握の仕方を，次に「反応領域」,「決定因」,「形態水準」,「反応内容」,「平凡反応」の各基本カテゴリーにおける分類記号化（スコアリング）の具体的な方法を説明する。スコアの集計や指標の算出の仕方は，5 章記録用紙の整理のところで述べる。

1．反応数・初発反応時間など

(1) 定　義

　総反応数（R）：反応とはブロットの全体か部分かに与えられた一つの独立した概念で，分類記号化の可能なものである。総反応数（R）とはその反応の総数である。

　反応拒否（Rej）：一つの図版に分類記号化の対象となる反応が一つも産出されなかった場合。反応が産出されなくても記録をしておくこと。

　初発反応時間（T/IR）：被検者が図版を受け取ってから最初の反応を産出するまでの時間をいう。

　図版の回転（Tur）：被検者が図版の正位置以外の向きで反応産出すること。

(2) 整理の方法と留意点

1) 反応（Response）

①自由反応段階で産出されたものを反応とする。

②自由反応段階で反応が修正されたときは，被検者が後の反応をより適切なものと考えているならば，後の反応を採用する。たとえば，「カラス……いやコウモリだ。コウモリの方がよく似ている」（カード V）といったようなときには，「コウモリ」を採用する。

③「コウモリかチョウかどちらかです」（カード I）のように基本的知覚が類似した概念（この例では，どちらも羽のある生き物）が述べられた場合，被検者が二つの反応であることに固執しないのであれば，一つの反応として扱う。

④個々のブロットを一つの概念として知覚している場合（カード X「魚がいて，海草があって，…海底の楽園」）や，ブロットの間に有機的結合があるような場合（カード VIII「クマが山へ登っていく」）には，一つの反応とする。

⑤図版の批評，意見などは反応として採用しない。（「これは左右対称ですね」，「わあ，きれいな色！」など）。思考・言語カテゴリーでスコアする。

⑥すべてのカテゴリーにスコアできないものは反応としないが，解釈にあたっては十分に参考にする。

2）付加反応（Additional response）

①質疑段階で新たに出された反応は，付加反応とする。

②反応が質疑段階で変更されたときは，付加反応としない。原則として自由反応段階での反応を尊重する。たとえば，「チョウが飛んでいる」→「チョウの標本かな？」というように明細化が変わった場合でも基本概念が変わっていなければ一つの反応とし質疑段階での反応を付加反応とはしない。

③付加反応は総反応数には含めないが，記録はしておき参考とする（p. 146）。

3）初発反応時間（T/IR）

次の3種類の指標を計算する（p. 92）。

①初発反応時間は，各図版の初発反応時間の和を，図版数10（反応拒否図版があった場合はその枚数を分母から除く）で割り，平均を秒単位で示す。

②彩色図版（chromatic card）〔Ⅱ，Ⅲ，Ⅷ，Ⅸ，Ⅹ〕への初発反応時間の平均（T/ch）を求める。

③無彩色図版（achromatic card）〔Ⅰ，Ⅳ，Ⅴ，Ⅵ，Ⅶ〕への初発反応時間の平均（T/ach）を求める。

②と③の算出の手続きは，それぞれ図版数5（反応拒否図版があった場合はその枚数を除く）が分母となる。

4）図版の回転（Tur）

①図版の向きは，自由反応段階でのものを採用する。したがって，質疑段階で「こちら向きの方がよい」というように修正しても，原則として採用しない。

②図版の回転は，Tur%という形で算出される。Tur%は，正位置以外で見た反応数をR（総反応数）で割って求める（p. 95）。

2. 反応領域（Location）

各反応が図版（インクブロット）のどこを用いて産出されたのか，を分類記号化する。与えられた刺激をどう使うか，全体なのか部分なのか，部分だとしたらどこなのか，空白部分も使っているのか等を記号化する。

(1) 定　義

表 3-1　反応領域の種類と定義

	記号	定　義	実　例
全体反応（whole）	W	ブロットの全体を使用した反応。全体を一つの概念で意味づけた反応と，部分を有機的に結合した反応とがある。	「コウモリ」（Ⅰ）「二人がたき火をしている」（Ⅲ）「優勝カップ」（Ⅸ）
	W̸	切断全体反応（ダブリュー・カットと読む）。ブロットの全体に反応していながら，ある一部のみを除外しようとしているもの。	「ここを（d_1 の部分）除くとチョウチョに見える」（Ⅴ）
	DW	作話反応。ある一部分の特徴から漠然と全体に反応してしまう未分化な反応。幼児あるいは成人臨床群に多い反応である。（思考・言語カテゴリー(93) confabulation を参照）。	「カニです。ここに（D_{3+3}）はさみがあるから」（Ⅱ）。
部分反応（usual large detail）	D	ブロットの他の部分から，間隙，濃淡，色彩によって容易に区別される，比較的大きな部分を用いた反応。	「チョウチョ」（Ⅱ，D_4）「二人の人が一緒に荷物を持っている」（Ⅲ，D_{1+1+6}）「ウシの頭」（Ⅳ，D_1）「動物」（Ⅷ，D_1）「エビフライ」（Ⅸ，D_1）
小部分反応（usual small detail）	d	ブロットの他の部分から，間隙，濃淡，色彩によって容易に区別される，比較的小さい部分を用いた反応。	「ヘビの頭」（Ⅳ，d_2）「ウマの足」（Ⅴ，d_3）
特殊部分反応（unusual detail） 一部を除いて，ロケーション・チャートに数字が記入されていない部分と考えてよい。	Dd	dr（稀少）：反応に用いられた部分の大小にかかわらずブロットの分割の仕方が独特で，まれにしか見られない反応。	「名古屋城。赤いとこがしゃちほこ」（Ⅱ，上半分，Dd（dr））
		dd（微小）：極端に小さな部分を用いた反応。	「つらら」（Ⅱ，Dd_2（dd））
		di（内部）：内部のある部分だけ外縁を含まず用いられた反応。	「乳房」（Ⅰ，D_5 の中央部分，Dd（di））
		de（外縁）：ブロットの外縁だけを用いた反応。	「横顔の輪郭」（Ⅶ，d_3 の外縁，Dd（de））
間隙反応（space）	S	so（反転したS）：純粋に間隙のみを用いた反応。	「コマ」（Ⅱ，DS_5（so））
		se（付加的S）：ブロットに付随して付加的に間隙が用いた反応。	「オニの顔。白いところは目と牙」（Ⅰ，WS（se））
		si（空白のS）：間隙が空白なものとしてブロットとともに用いた反応。	「羽に穴のあいたチョウ」（Ⅰ，WS（si））「お面。目のところが空いている」（Ⅰ，WS（si））

(2) 整理の方法と留意点

1) 全体反応（W）

全体反応（W）には純粋な W の他に，W に準ずる反応切断全体反応（W̸）および作話反応（DW）がある。これらは W% 算出のときは W の中へ含まれる。

W% の算出の仕方：W 反応の数を総反応数で割り，% を出しておく（p. 88）。

2) 部分反応（D, d, Dd）

W 以外の反応は，D, d, Dd のいずれかとなる。D と d については，標準化時にその領域が使用さ

れた頻度順に番号がふられている。Dd は一部を除いて原則として番号はない。部分反応の場合，左右対称で同じ領域は同じ番号となる。複数の部分領域を使用している場合は，D_{1+3}, d_{1+1} などと記載する。カードⅢの「二人の人」（D_{1+1}）を含む反応は，D_3 とはしない。

3）間隙反応（S）の記載方法

間隙反応の記載の仕方は，Location（W, D, d, Dd）と関連させて並列的に書く。たとえば，カードⅠ：「オニの顔（白いところが目）」WS（se），カードⅡ：「洞窟」D_2S（si）など。ただし，ロケーション・チャートに番号の付されている DS 反応は，カードⅡ：「コマ」DS_5（so），カードⅨ：「ブタの鼻」DS_{11}（so）のように記載する。

4）結合反応（organization）

Location に付随した分類カテゴリーとして，結合反応（organization）がある。結合反応には次の二種類がある。

① orgA（blot の organization）

間隙や色彩で区分されたブロットの結合反応である。カードⅡ，Ⅲ，Ⅷ，Ⅸ，Ⅹにおいて，区分されたブロットを用いて単一の概念として把握した場合にスコアされる。カードⅢ：「昆虫」（D_{3A}），カードⅧ：「花」（W_A），カードⅩ：「水族館」（W_A）など。

② orgB（concept の organization）

2 個以上の概念の結合反応であり，ブロットを有機的，機能的に結びつけた反応である。orgB の場合は，10 枚のカードいずれにおいてもスコアされる。カードⅡ：「二人の人がケンカしている」（W_B），カードⅢ：「二人の人が踊っている」（D_{1+1B}），カードⅦ：「女の子が向き合っている」（D_{1+1B}），カードⅧ：「クマが山へ登っていく」（W_B）など。

org の記載の仕方も S と同様，Location と並べて書く。たとえば，カードⅧ：「花」W_A，カードⅡ：「二人の人が喧嘩している」W_B のように記載する。

5）把握型（Approach）

W（D）d Dd のように，出現割合が多いものに下線をし，少ない場合は（　）でくくる。非常に強い傾向のときは，＝や（（　））とする（p. 92）。

6）継起型（Sequence）

図版ごとの Location の継起が一定の方向にある場合は，systematic であるとし，その図版がいくつあるかによって，下記のタイプに分類する。すなわち systematic であるのは，全体反応から部分反応（W-D-D, W-D-D, W-d-Dd など），部分反応から全体反応（D-W, d-D-W, D-W-W-W など），全体反応 – 全体反応，部分反応 – 部分反応，一つだけの反応，の場合であり，それ以外は unsystematic（たとえば D-W-d, W-Dd-D など）である（p. 88）。

systematic な継起の図版の数に応じて，以下のようにする。

厳格（rigid）型	（systematic　10）
通常（orderly）型	（systematic　9 〜7）
弛緩（loose）型	（systematic　6 〜3）
混乱（confused）型	（systematic　2 〜0）

（3）ロケーション・チャート（Location Chart）

　名大法における 10 枚の図版の反応領域番号を図示したものを，pp. 40-49 に示す。出現率および他技法（Beck（1950），Klopfer（1954），片口法（1987），阪大法（辻・福永, 2018），包括法（Exner, 2003））との番号対照表も示してある。

Card Ⅰ の反応領域

Beck	Klopfer	片口法	阪大法	包括法	名大法	出現率(%)
D_4	D_1	D_1	D I	D_4	D_1	8.5
					D_2	4.3
D_2	D_2	D_2	D Ⅲ	D_2	D_3	3.5
D_7	D_5	D_3	D Ⅱ	D_7	D_4	2.0
Dd_{41}	D_6		D V	Dd_{21}	D_5	1.5
Dd_{24}	D_4	D_4	D Ⅳ	Dd_{24}	D_6	1.0
D_3	D_3	D_5		D_3	D_7	0.6
d_1	d_3	d_3	d_3	D_1	d_1	1.2
d_5	d_4	d_1	d_4	Dd_{28}	d_2	0.9
d_6 (Dd_{28})	d_2				d_3	0.9
Dd_{22}	d_5	d_5	d_5	Dd_{22}	d_4	0.7
d_8 (Dd_{21})	d_1	d_4	d_2	Dd_{34}	d_5	0.3
					Dd_1	1.1
				Dd_{23}	Dd_2	0.2
Dd_{25}					Dd_3	0.2
d_6	d_7		d_6	Dd_{33}	Dd_4	0.1
				DdS_{26}	DdS_5	0.1

注）名大法の Dd の番号は説明のため付したものであり，実際のスコアリングでは Dd の番号は用いない。
　　左右対称となる領域については，同一番号となる。

Card Ⅱ の反応領域

Beck	Klopfer	片口法	阪大法	包括法	名大法	出現率(%)
D_1	D_3	D_1	DⅡ	D_1	D_1	30.0
D_6	W̶ (D_{1+1})		DI		D_2	11.3
D_2	D_2	D_3	DⅢ	D_2	D_3	8.6
D_3	D_1	D_2	DⅣ	D_3	D_4	8.5
DS_6	S		S=D	DS_5	DS_5	5.2
					DS_6	3.1
D_7	D_4			Dd_{21}	D_7	1.3
		D	D		D_8	0.9
d_4	d_1	d_1	d_1	D_4	d_1	3.4
Dd_{31}	d_4		d_3	Dd_{31}	d_2	0.2
					Dd_1	0.5
Dd_{25}				Dd_{25}	Dd_2	0.2
Dd_{22}	d_2		d_2	Dd_{22}	Dd_3	0.1
Dd_{23}	d_3			Dd_{23}	Dd_4	0.1
Dd_{24}	Dd		d_4	Dd_{24}	Dd_5	0.1
Dd_{26}				Dd_{26}	Dd_6	0.1
Dd_{27}				DdS_{29}	DdS_7	0.1
Dd_{30}					DdS_8	0.1

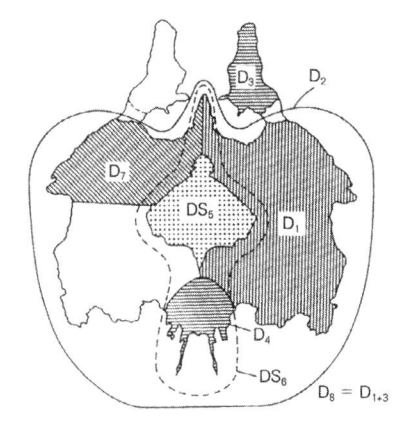

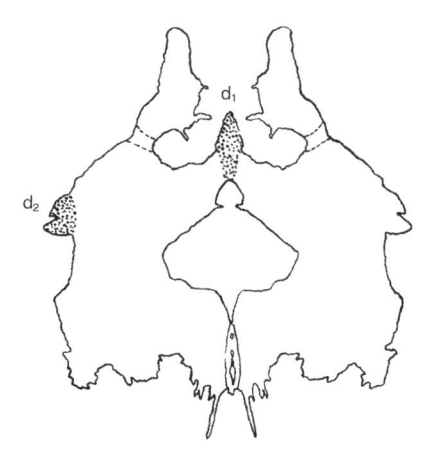

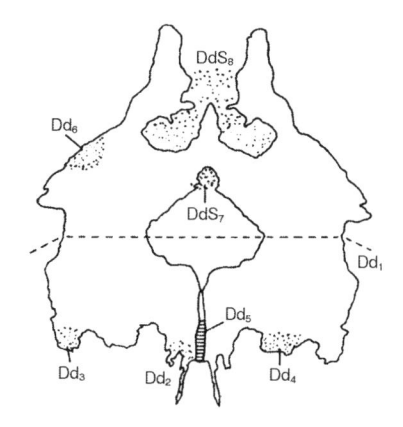

Card Ⅲ の反応領域

Beck	Klopfer	片口法	阪大法	包括法	名大法	出現率(%)
D$_9$	D$_8$	D$_2$	D Ⅱ	D$_9$	D$_1$	40.8
D$_2$	D$_2$	D$_1$	D I	D$_2$	D$_2$	8.8
D$_1$	W		W	D$_1$	D$_3$	8.3
D$_3$	D$_1$	D$_3$	D Ⅲ	D$_3$	D$_4$	6.6
D$_5$	D$_5$	D$_4$	D Ⅳ	D$_5$	D$_5$	5.2
D$_7$	D$_3$	D$_5$	D Ⅴ	D$_7$	D$_6$	4.4
D$_{11}$	D$_6$	D$_6$	D Ⅵ	Dd$_{34}$	D$_7$	2.7
D$_4$	D$_4$	D$_7$	D Ⅷ	Dd$_{31}$	D$_8$	1.2
Dd$_{22}$	D$_7$			Dd$_{22}$	D$_9$	0.6
d$_8$	D$_9$		D Ⅶ	D$_8$	D$_{10}$	0.5
d$_6$	d$_2$	d$_1$	d$_1$	Dd$_{32}$	d$_1$	2.3
d$_{10}$	d$_1$	d$_2$	d$_2$	Dd$_{33}$	d$_2$	0.9
Dd$_{21}$	d$_3$			Dd$_{21}$	d$_3$	0.2
DdS$_{23}$				DdS$_{23}$	DdS$_1$	0.2
DdS$_{24}$				DdS$_{24}$	DdS$_2$	0.2
Dd$_{29}$				Dd$_{29}$	Dd$_3$	0.2

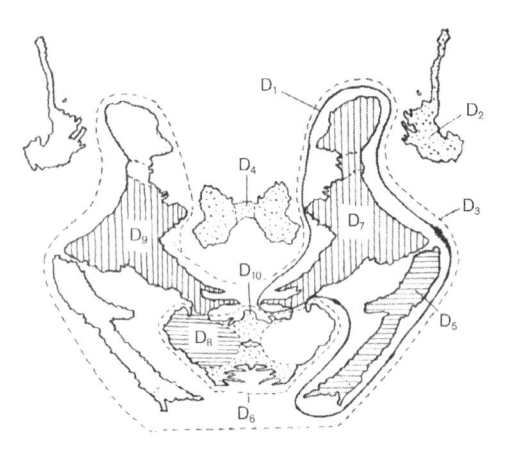

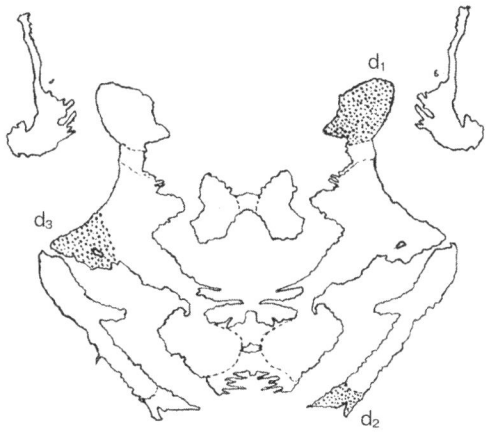

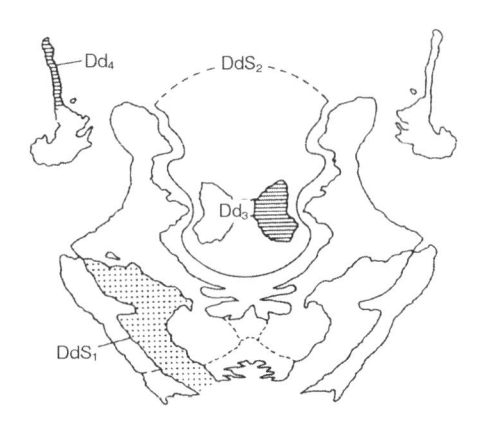

Card Ⅳの反応領域

Beck	Klopfer	片口法	阪大法	包括法	名大法	出現率(%)
D_1	D_1	D_1	DI	D_1	D_1	18.1
D_5	D_4	D_4	DV	D_5	D_2	3.5
D_6	D_2				D_3	1.0
D_2	D_3	D_2	DⅡ	D_2	D_4	1.8
D_7	D_5		DⅣ	Dd_{31}	D_5	1.0
d_3	d_2	d_1	d_1	D_3	d_1	4.3
d_4	d_1	d_2	d_2	D_4	d_2	1.6
d_8	d_3	d_3	d_3	Dd_{32}	d_3	0.5
Dd_{22}					Dd_1	0.2
Dd_{21}				Dd_{21}	Dd_2	0.1
Dd_{24}					DdS_3	0.1
					Dd_4	0.1
Dd_{29}					DdS_5	0.1

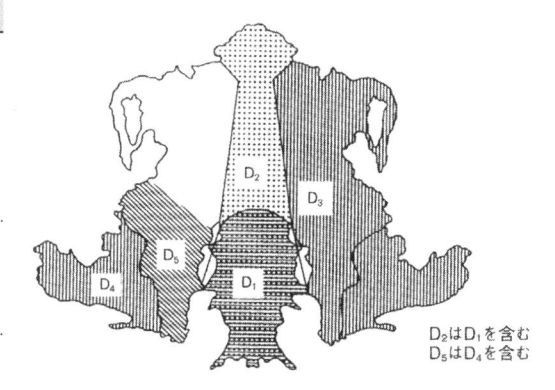

D_2はD_1を含む
D_5はD_4を含む

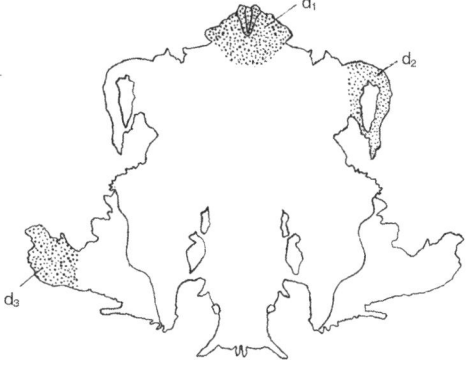

Card Ⅴの反応領域

Beck	Klopfer	片口法	阪大法	包括法	名大法	出現率(%)
d₁	D₁	D₁	DⅠ	D₄	D₁	3.6
D₇	D₂	D₂	DⅡ	D₇	D₂	1.0
d₁(d₆)	d₂	d₂	d₂	D₁₀	d₁	3.7
d₉	d₃		d₁	D₆	d₂	2.4
Dd₂₂	d₁	d₃	d₃	D₉	d₃	1.7
	Dd	d₅	d₅	Dd₃₅	d₄	0.8
		d₁		Dd₃₄	d₅	0.4
d₅				Dd₃₃	d₆	0.2
Dd₁₂	Dd		d₄	Dd₂₂	d₇	0.2
Dd₂₃					Dd₁	0.3
d₂				Dd₃₁	Dd₂	0.1
d₁₁	d₄	d₄	d₆		Dd₃	0.1
Dd₃₀				Dd₃₀	Dd₄	0.1

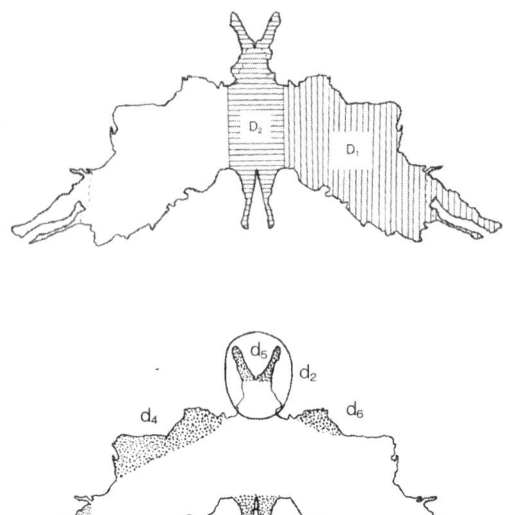

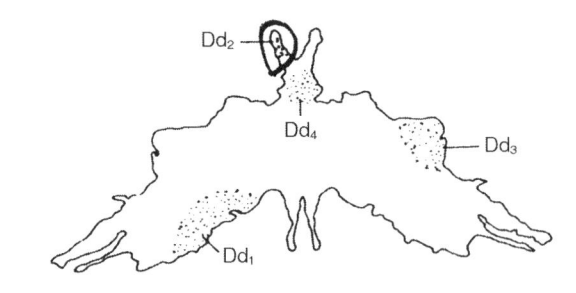

Card Ⅵ の反応領域

Beck	Klopfer	片口法	阪大法	包括法	名大法	出現率(%)
D_3	D_2	D_1	D Ⅰ	D_3	D_1	14.5
D_1	D_1		D Ⅱ	D_1	D_2	10.3
D_5	D_4			D_5	D_3	4.9
D_2	D_3	D_2	D Ⅳ	D_2	D_4	3.8
D_4	D_1	D_3	D V	D_4	D_5	3.5
					D_6	2.4
					D_7	2.1
D_6	D_5	D_5	D Ⅲ		D_8	1.8
d_7	d_1	d_2	d_3	Dd_{23}	d_1	3.8
d_9	d_2	d_1	d_1	Dd_{24}	d_2	1.3
d_{10}	d_4	d_3	d_5	Dd_{27}	d_3	1.2
Dd_{21}			d_7	Dd_{21}	d_4	0.7
Dd_{26}	Dd		d_6	Dd_{26}	d_5	0.6
d_{11}	d_3			Dd_{32}	d_6	0.3
Dd_{25}	Dd	d_4	d_2	Dd_{25}	d_7	0.3
Dd_{29}					Dd_1	0.1
Dd_{31}				Dd_{31}	Dd_2	0.1

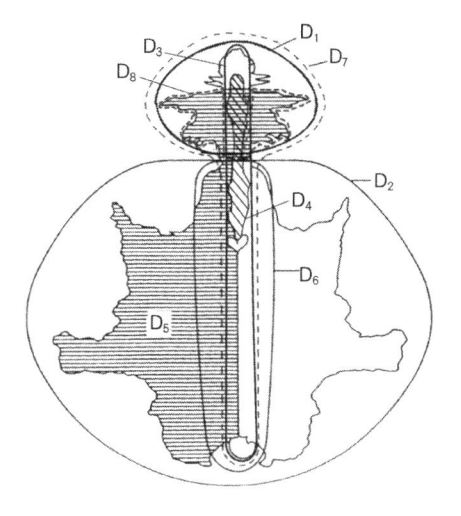

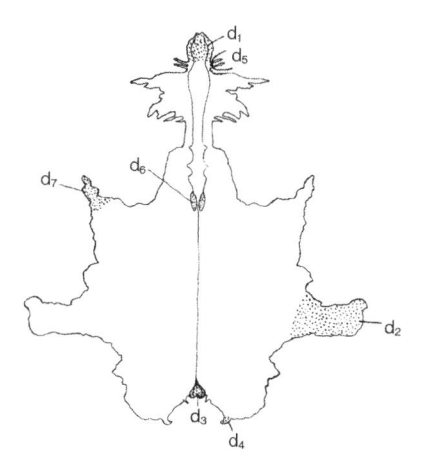

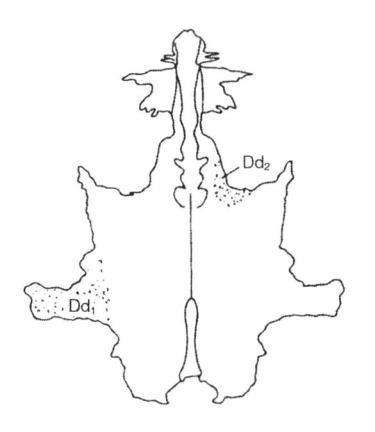

Card Ⅶの反応領域

Beck	Klopfer	片口法	阪大法	包括法	名大法	出現率(%)
D_2	D_4	D_2	D Ⅰ	D_2	D_1	18.1
D_1	D_3	D_1	D Ⅲ	D_1	D_2	8.3
D_4	D_1	D_3	D Ⅱ	D_4	D_3	6.5
D_3	D_2	D_4	D Ⅳ	D_3	D_4	4.9
D_9	$W\frac{1}{2}$	D_6	D Ⅴ	Dd_{22}	D_5	4.1
DS_7	S			DS_7	DS_6	3.7
D_{10}	$D\frac{1}{2}$	D_5	D Ⅵ	Dd_{23}	D_7	0.8
d_6		d_1			d_1	1.2
Dd_{26}	d_1				d_2	1.1
d_5	d_2	d_2	d_2	D_5	d_3	0.9
d_8	d_3			D_8	d_4	0.9
d_{11}	Dd		d_1	Dd_{28}	d_5	0.7
					Dd_1	2.1
Dd_{21}	Dd		d_3	Dd_{21}	Dd_2	0.3
Dd_{24}				Dd_{24}	Dd_3	0.1

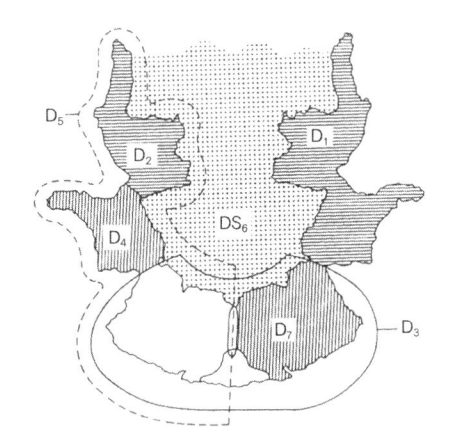

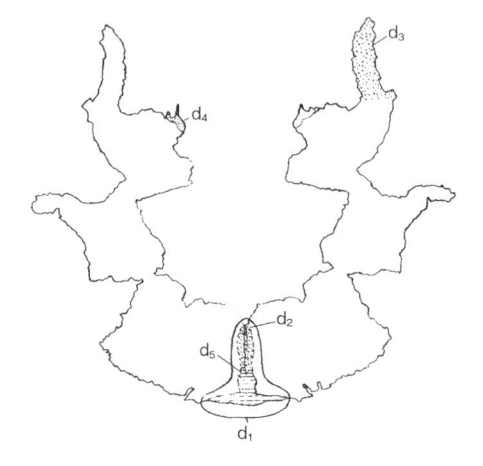

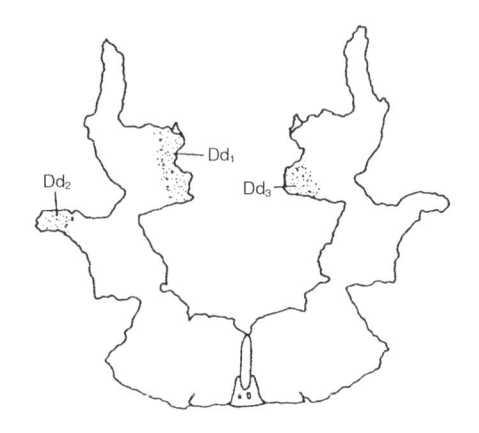

Card Ⅷの反応領域

Beck	Klopfer	片口法	阪大法	包括法	名大法	出現率(%)
D_1	D_1	D_1	DⅠ	D_1	D_1	34.3
D_2	D_2	D_2	DⅡ	D_2	D_2	15.5
D_4	D_3	D_3	DⅣ	D_4	D_3	3.8
DS_3	D_5	D_4	DⅢ	D_3	DS_4	2.8
				or DS_3		
D_8	D_{3+4}	D_6	DⅥ	D_8	D_5	2.3
D_5	D_4	D_7	DⅦ	D_5	D_6	1.3
					D_7	0.9
D_7	D_7	D_5	DⅤ	D_7	D_8	0.8
D_6	D_6				D_9	0.3
Dd_{26}	d_1	d_1	d_1	Dd_{26}	d_1	0.2
Dd_{30}	Dd	d_2	d_2	Dd_{30}	d_2	0.2
Dd_{23}				Dd_{23}	Dd_1	0.3
				Dd_{21}	Dd_2	0.2
Dd_{24}				Dd_{24}	Dd_3	0.2
Dd_{27}				Dd_{27}	Dd_4	0.2
Dd_{25}				Dd_{25}	Dd_5	0.1
					Dd_6	0.1
DdS_{32}				DdS_{32}	DdS_7	0.1

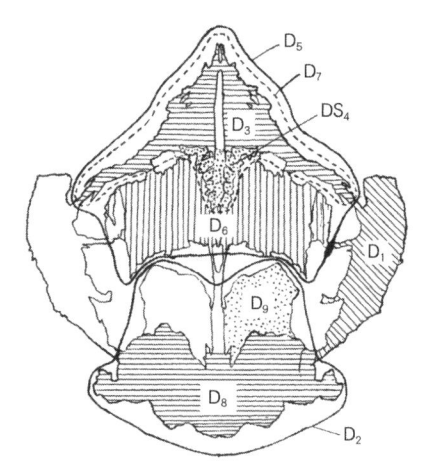

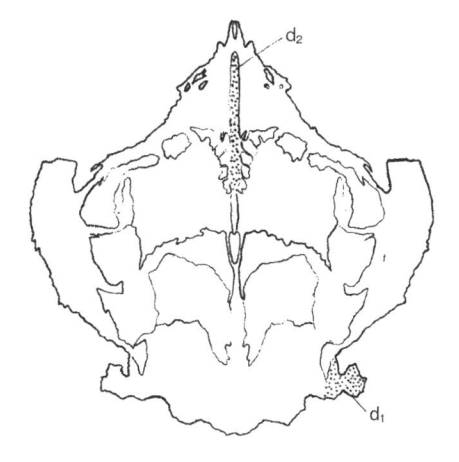

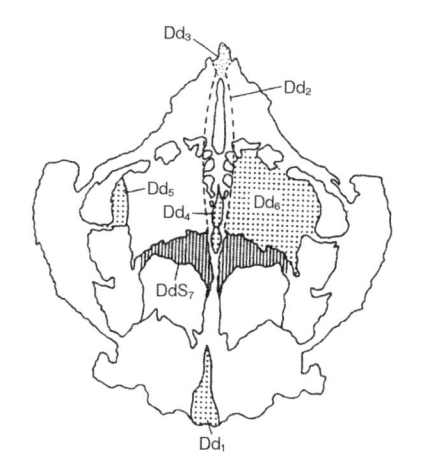

Card Ⅸの反応領域

Beck	Klopfer	片口法	阪大法	包括法	名大法	出現率(%)
D_3	D_2	D_3	D Ⅲ	D_3	D_1	15.3
D_6	D_6	D_2	D Ⅰ	D_6	D_2	10.0
D_1	D_1	D_1	D Ⅱ	D_1	D_3	6.3
D_8	S			D_8	DS_4	6.3
				or DS_8		
D_9	D_5	D_6	D Ⅵ	D_9	D_5	3.0
D_{11}	D_{1+1}			D_{11}	D_6	2.3
					DS_7	2.2
D_4	D_4	D_7	D Ⅶ	D_4	D_8	2.1
D_{12}	D_{1+2}				D_9	1.6
					D_{10}	1.5
Dd_{22}	D_7	D_4	D Ⅴ	DdS_{22} or Dd_{22}	DS_{11}	1.4
D_5	D_8	D_5	D Ⅳ	D_5	D_{12}	1.3
					D_{13}	0.5
d_2	D_3		d_2		d_1	5.8
D_7	d_3				d_2	1.9
Dd_{25}	d_1	d_1	d_1		d_3	1.3
Dd_{26}					Dd_1	0.4
Dd_{21}	Dd		d_6		Dd_2	0.3
Dd_{24}	Dd	d_3	d_3	Dd_{24}	Dd_3	0.2
Dd_{23}	d_2	d_4	d_5	DdS_{23}	Dd_4	0.1
Dd_{28}				Dd_{28}	Dd_5	0.1
					Dd_6	0.1

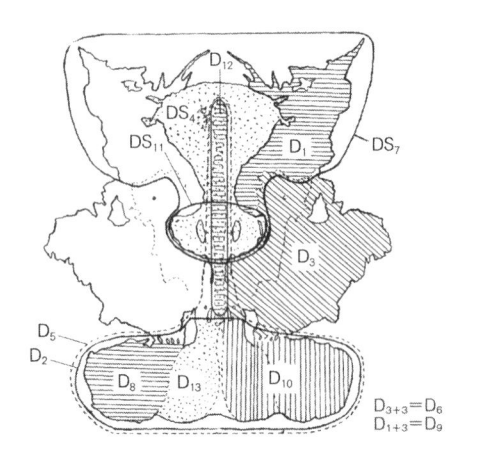

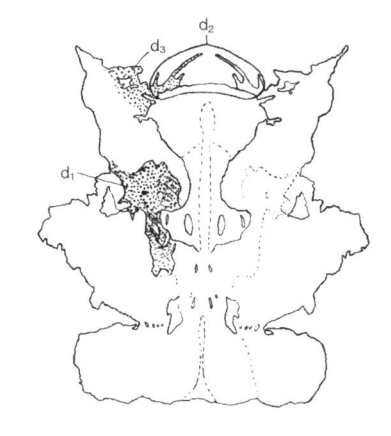

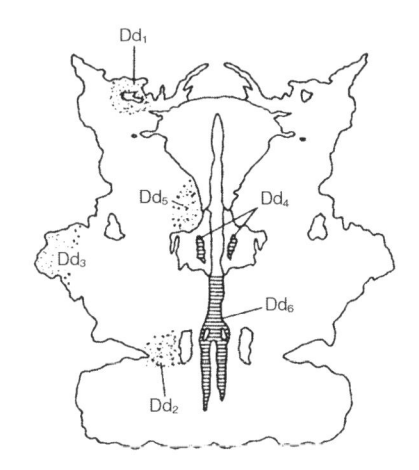

Card Xの反応領域

Beck	Klopfer	片口法	阪大法	包括法	名大法	出現率(%)
D_1	D_1	D_1	DI	D_1	D_1	13.5
D_{11}	D_3	D_4	DIII	D_{11}	D_2	7.1
D_8	D_4	D_{13}	DXIV	D_8	D_3	5.7
D_7	D_6	D_9	DVIII	D_7	D_4	5.5
D_9	D_9	D_6	DVI	D_9	D_5	5.0
W̶ (D_{9+11})	D_{16}	D_{14}	DXIII	Dd_{21}	D_6	4.2
D_2	D_{10}	D_2	DV	D_2	D_7	3.2
D_{10}	D_6	D_3	DIV	D_{10}	D_8	3.2
D_{13}	D_{11}	D_{10}	DII	D_{13}	D_9	2.9
D_6	D_8	D_7	DVII	D_6	D_{10}	2.3
D_{12}	D_{13}	D_{11}	DXII	D_{12}	D_{11}	1.8
d_3	D_{12}	D_5	DIX	D_3	D_{12}	1.7
D_{15}	D_{15}	D_8	DX	D_{15}	D_{13}	1.0
D_6	D_{17}				D_{14}	0.8
				DdS_{22}	DS_{15}	0.6
D_4	D_2	d_1	d_1	D_4	d_1	4.7
d_5	D_7	D_{12}	DXI	D_5	d_2	3.2
d_{14}	D_{14}	d_2	d_2	D_{14}	d_3	0.5
DdS_{29}				DdS_{29}	DdS_1	0.8
					DdS_2	0.8
Dd_{25}					Dd_3	0.4
Dd_{27}				Dd_{27}	Dd_4	0.2
Dd_{31}				Dd_{31}	Dd_5	0.2
Dd_{23}				Dd_{33}	Dd_6	0.2

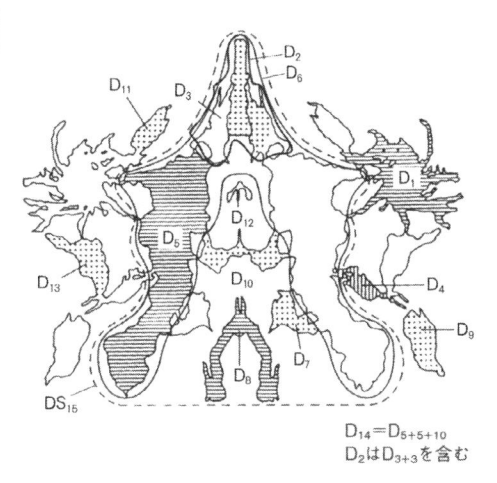

$D_{14}＝D_{5+5+10}$
D_2はD_{3+3}を含む

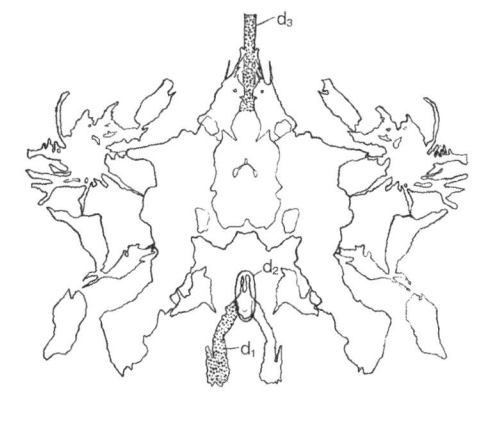

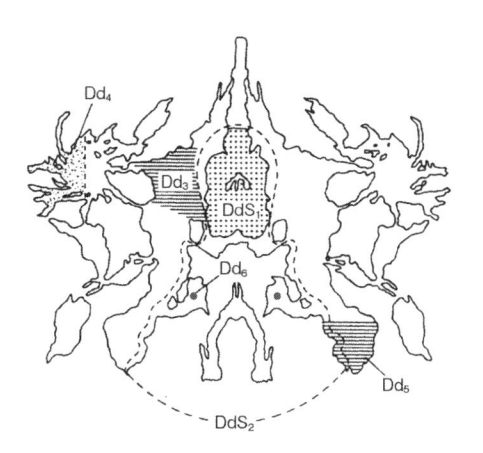

3. 決定因（Determinant）

各反応が図版（インクブロット）のどういう特徴にもとづいて産出されたのか，を分類記号化する。形からなのか，動きを見ているのか，色彩や濃淡に影響を受けているのか等を記号化する。

(1) 定　義

決定因の分類カテゴリーの設定は技法によって若干異なるが，名大法では主にBeck方式を継承して，表3-2のように構成されている。

表3-2　決定因の種類と定義

	記号	定義と具体例
1. 形態反応（form）	F	ブロットの形と外輪郭のみによって決定された反応。「チョウの形に似ている」（Ⅰ, W, F），「人間です。ここが頭で胴体，手で足です」（Ⅲ, D₁, F）
2. 運動反応（movement）		
(1) 人間運動反応（human movement）	M	人間の運動・状態（姿勢や表情）が述べられた反応。「人間が立っている」（Ⅳ, W, Mi）
	M´	動物の擬人的な，人間類似運動反応。「イヌがダンスしている」（Ⅱ, D₁, M´a）人間運動反応のスコア集計に際しては，M´もMに含める。
(2) 動物運動反応（animal movement）	FM	動物の運動・状態が述べられた反応。「コウモリが羽を拡げている」（Ⅴ, W, FMi）
(3) 無生物運動反応（inanimate movement）	Fm・mF・m	自然現象的活動とか，物理的運動，さらに抽象的な力とか緊張，植物の動きなどが述べられた反応。「コマが回っている」（Ⅱ, DS₅（so）, Fma）「火山の爆発」（Ⅸ, W, mFa）
3. 陰影反応（shading）	ブロットの陰影特性が利用された反応で，形態の寄与の程度により，形態が主となり副次的に陰影が用いられている場合，陰影が一次的で形態が二次的に用いられている場合，陰影のみで決定された場合と三段階に分類する。	
(1) 通景反応（vista）	FV・VF・V	立体・通景・鏡映などの知覚がみられる反応。「遠くに見える塔」（Ⅱ, d₁, FV）「鏡に映った自分を見ている」（Ⅲ, D₁₊₁, FV）「毛皮の端が裏返っている」（Ⅳ, W, FV）「水に映っている山並み」（Ⅵ, W, FV）「大男を下から見上げている」（Ⅳ, W, FV）「雲の切れ目から下の方に地面が見える」（Ⅹ, WS, VF）
(2) 明暗反応（gray）	FY・YF・Y	ブロットの明暗特性が利用された拡散効果のみられる反応。「骨盤のX線写真」（Ⅰ, W, FY）「入道雲，形が似ている」（Ⅳ, W, FY）「墨絵，ぼかしがある」（Ⅵ, W, FY）「煙，もやっとしているから」（Ⅶ, W, Y）
(3) 材質反応（texture）	FT・TF・T	ブロットの表面の肌ざわりの感じとか，材質特性が利用された反応。「毛皮，この毛並みの感じから」（Ⅵ, W, FT）「ぬいぐるみのイヌ，このへんがフワフワしてやわらかい感じだから」（Ⅶ, D₁, FT）「岩，ゴツゴツした感触があるから」（Ⅷ, D₂, TF）

4. 黒白反応 (achromatic-color)	FC'・C'F・C'	ブロットの黒色 – 灰色 – 白色を用いた反応。 「黒いチョウ」（Ⅰ, W, FC'）「石膏のナポレオン像, 白いから」（Ⅶ, DS₆, FC'）「墨汁で描いた絵」（Ⅶ, W, C'F）
5. 色彩反応 (chromatic-color)	FC・CF・C	ブロットの色彩の要素を用いた反応。 「赤いリボン」（Ⅲ, D₄, FC）「海底の景色, いろんな色の魚がいて海草があって…」（Ⅹ, W, FC）「お花畑, 色あざやかだから」（Ⅹ, W, CF）「血, 赤いから」（Ⅱ, D₃, C）
	F/C・C/F	色彩が単に領域を区切るために利用されていたり, 本来そのものがもつ色彩とは異なった色彩が知覚されたもの。 強制色彩反応と呼ばれる。 「赤いシロクマ」（Ⅷ, D₁, F/C）「人体の解剖図, 色分けしてあるから」（Ⅷ, W, C/F）
	Csym	色彩が象徴的に用いられた反応。 「この赤は情熱をあらわす」（Ⅲ, D₂₊₂₊₄, Csym）「お祭り, 色がにぎやかだから」（Ⅹ, W, Csym）

m は「リトル m」, C' は「C プライム」, F/C は「F スラッシュ C」と読む。

（2）整理の方法と留意点

1）分類記号化の原則

①決定因は, 自由反応段階で出された反応と, それについて質疑段階で自発的になされた言語表現によって記号化される。自由反応段階で, 被検者が決定因について言及しないことがしばしばある。

②形態一次反応・形態二次反応・無形態反応：無生物運動反応（m）, 陰影反応（V, Y, T）, 黒白反応（C'）, 色彩反応（C）については, 形態が一次的であるか, 二次的であるか, あるいは全く関与していないのか, を判断する。その決定は（たとえば FC か CF か C か）, それほど容易なことではない。質疑を適切に行うことによって, 被検者がどちらを主に体験しているかを見極めることが必要である。なお, その際, 誘導的な問いかけを避けるように注意しなければならない。

③陰影反応（FV, FY, FT など）は, 被検者が知覚していても, 言語化したり説明したりしにくいものであるから, 質疑にあたっては十分注意する。なお, 決定因の分類記号化は, 原則として, 被検者の言語化したものにもとづいてなされる。その際, 被検者が体験しているものを検査者が追体験することが重要である。

2）決定因のブレンド

①個々の反応の決定因は, F とか Ma というように一種類だけの場合もあるが, 時には一つの反応で二種類以上の決定因にわたる場合もあり, M・FC というようにそれぞれの記号を併記する。この場合いわゆる main-additional 方式はとらず, すべての決定因を等価に扱う。

②ただし, ブレンドは, 原則として三つまでとする。その反応における主たる概念の決定因を優先するとよい。

③F は他の決定因とブレンドになることはない。したがって F・FM・FC とはせず, FM・FC と

表 3-3　決定因（Determinant）の分類体系の比較

		名大法	Klopfer	Beck	Rorschach
Form Scores		F+	F+	F+	F+
			F	F, F+, F-	F+
		F−	F−	F−	F−
Movement Scores		M	M	M	B
		FM	FM		
		Fm, mF, m	Fm, mF, m	M (sometimes)	
Chromatic Color Scores		FC	FC	FC	FFb
		F/C	F/C （F → C）		
		CF	CF	CF	FbF
		C/F	C/F （C → F）		
		C	C	C	Fb
		Csym	Cn Cdes Csym		
Achromatic Color Scores		FC′	FC′	FY	
		C′F	C′F	YF （black of gray）	
		C′	C′	Y	
Shading Scores	Texture and surface	FT	Fc	FT （a kind of FK）	
		TF	cF	TF	
		T	c	T	
	Vista	FV	FK	FV	
		VF		VF	
		V		V	
	Diffusion	YF	KF	YF （diffuse black or all white）	
		Y	K	Y	
	Depth	FY	Fk	FY	
		YF	kF	YF	
		Y	k	Y	

する。

④同じ要素の決定因は原則としてブレンドにしない。その場合には，反応全体から推測していずれかに決める。すなわち，FC・CF とはせず，FC あるいは CF とする。

3）運動反応の活動水準（Activity level）

運動反応は，運動の様態に応じて，能動的運動（a），受動的運動（p），不定運動（i）の三つに分類し，以下のように並記する。

能動的運動（active movement）：運動をつかさどるエネルギーが明らかに活動的・能動的に働いている場合，あるいは外に伸びる伸長運動の場合。「走る」，「飛ぶ」，「登る」，「踊る」，「争う」，「怒っている」など。Ma, M′a, FMa, Fma, ma と表記する。

受動的運動（passive movement）：運動が受動的であったり，他に依存的であったり，あるいは接触・接合をふくむ場合，または内に向かう屈曲運動の場合。「手を合わす」，「座る」，「火にあたる」，

「むきあう」,「たおれている」,「ひきさかれている」,「ひっぱられている」,「寝ている」など。Mp, M′p, FMp, Fmp, mFp, mp と表記する。

　不定運動（indefinite movement）：以上二つのいずれにも分類されない場合，たとえば状態的運動など,「とまっている」,「立っている」など。Mi, M′i, FMi, Fmi, mFi, mi と表記する。

4）色彩反応について（p. 94）

　色彩反応の分類記号（スコア）を用いて，ΣC という指標を算出する。その際，FC には F/C を，CF には C/F を，C には Csym を含む。

　3枚の多彩色図版に与えられた反応数が，総反応数のうちどれだけの割合を占めるか，（Ⅷ＋Ⅸ＋Ⅹ）/R% を算出する。

（3）他技法の決定因記号との対照表

　表3-3 は，決定因（Determinant）の記号について，名大法と Rorschach, Klopfer, Beck との比較対象表である。

4. 形態水準（Form level）

　各反応がブロットの特徴に適合している（似ている）かどうかを評定し，記号化する。

（1）定　義

　形態水準の評定にあたっては，知覚の正確さ（適切さ）とその反応の出現頻度が主に用いられるが，名大法では前者を重視しつつ,「＋」と「−」の二段階を採用している。たとえば，F+, Ma+, CF− 等のように決定因に付随して記載する。

　F+　ブロットの形態特性と反応内容とが適合しているもの

　F−　その適合性が弱いか，あるいはみられないもの

　具体的な手続きとしては，以下の点を考慮する。

　① fitness（反応の中心的概念の適合性，正確性）

Location-content combination が適切であるかどうかについて，基本的知覚の評定を行う。正確さとは，輪郭や形態についての概念が，ブロット領域とどのくらい適合しているか，一致しているか（Klopfer），ということである。

　② frequency（出現頻度の高さ）

　正確さの評価に主観的判断が入るのを避けるために，一般的な反応の出現頻度を加味する。P 反応（p. 58）等，これまでの蓄積を参考にする。

　③ elaboration-specification（修飾や明細化の適切さ）

反応として産出された概念やその理由について了解可能な説明がなされているかについて，判断する。

④ organization（統合性の適切さ）

一つの反応の中での概念の統合（組合せ）が場面として現実的で適切かどうかについて，判断する。

⑤ consensual appropriateness（社会的に容認される内容かどうか）

反応として出された概念が極端に破壊的（残虐）であったり，極端に性的なニュアンスを帯びていたりしていないか等を判断する。

①②から基本的評定が＋であっても，③〜⑤の視点における適切さが不十分な場合は，−とすることがある。（例：カードⅡ「とびおり自殺した人，血がドバッと出ている」，カードⅡ「痔，お尻から出血」，カードⅧ「花の上にライオンが乗っている」，カードⅩ「うさぎの目から出てくるイモムシ（D₈）」など）

（2）整理の方法と留意点

1）形態水準の評定は単に純粋形態反応（F）だけではなく，形態一次反応（M，FM，FC など）や形態二次反応（CF，YF など）についてもなされる。なお，非形態反応（C′，Y，C など）については評定しないが，整理・解釈にあたってはマイナス反応と考える。

2）被検者の反応の質を評価するために F＋％，newF＋％，R＋％を算出する（p. 92, 94）。

　F＋％は，F（純粋形態反応）だけを対象とし，そのうち＋反応がどれだけの割合を占めるかを算出する。

　newF＋％は，F および形態一次反応のみの合計のうちの＋反応の割合を算出する。

　形態一次反応は，M，FM，Fm，FV，FT，FY，FC，FC′，F/C を含む。

　R＋％は，総反応数（非形態反応も含む）のうち，＋反応の総数の割合を算出する。

5．反応内容（Content）

各反応で示された反応の内容を分類記号化する。動物や人間などの種類ごとに表3-4 に示す。

（1）定　義

表3-4　反応内容の種類と定義

分類記号		例	注意点
動物像反応			
A	動物反応（Animal）	「イノシシ」「ライオン」「クマ」「チョウチョ」「カブトムシ」など	※頭部を含めた上半身は全身像（A または A/）とみなされる。
Ad	動物部分反応（Animal detail）	「ネコの顔」「ウサギの手」など	
A/	非現実動物反応（Strange animal）	「龍」「ゴジラ」「怪獣」など	

Ad/	非現実動物部分反応 (Strange animal detail)	「龍の頭」など	
Aob	動物物体反応 (Animal object)	「毛皮」「動物の皮」など	
A′	絵，おもちゃ，装飾品，解剖など動物の形をとったもの，加工品	「クマのおもちゃ（A′・Toy）」「動物を書いた壺（A′・Hh）」「動物の首の骨（Ad′・Atb）」「チョウの標本（A′・Sc）」など	※ A′は，ブレンドとなることが多い。

人間像反応			
H	人間反応（Human）	「ピエロ」「女の人」「子ども」「人の影」など	※全身像か部分の判断は，動物反応の場合と同様にする。
Hd	人間部分反応 (Human detail)	「人の顔」「人の足」など 「人の目，耳」は Hde，「人の歯」は Hdt とスコアする。	
H/	非現実人間反応 (Strange human)	「鬼」「悪魔」「小人」「カッパ」「魔女」「妖怪」など	※「ガイコツ」は，それが怪物的なとき（ガイコツが踊っている等）は「H/」とし，解剖的なとき（理科の本に描いてあるガイコツ等）は「H/・Atb」とスコアする。
Hd/	非現実人間部分反応 (Strange human detail)	「鬼の顔」「天使の羽」など	
H′	絵，おもちゃ，装飾品など人間の形をとった加工品	「王様の肖像（Stat・H′）」など	※ H′は，ブレンドとなることが多い。
Mask	仮面反応（Mask）	「お面」「鬼の面（Mask・Hd/）」「ハロウィンのカボチャ面（Mask・Rec）」など	

解剖反応			
Bl	血液反応（Blood）	「血が飛び散っている」など	※動物の解剖反応は，もし動物の原型をとどめているのなら「A′」とブレンドにする。
X-ray	X 線反応（X-ray）	「肺のレントゲン写真（X-ray・Atf）」など	
Atf	内臓反応（Flesh anatomy）	「胃」「肺」「筋肉」など	
Atb	骨格反応（Bone anatomy）	「骨盤」「肋骨」など	
Disease	疾病反応（Disease）	「胃癌」「痔」など	

身体関連反応		
Sex	性反応（Sex）	「性器」「性交」など
Anal	肛門反応（Anal）	「肛門」 ※「尻」はスコアしない。
Death	死反応（Death）	「動物の死体」など，死ということが強調されたもの。

事物・活動関連の反応		
Fd	食物反応（Food）	「アイスクリーム」「ビスケット」「野菜」「ダイコン」「エビフライ」「魚の干物」など
Cg	衣服反応（Clothing）	「帽子」「服」「靴下」「靴」など。「帽子をかぶった人（H・Cg）」のような人間の付属物として用いられたものも含まれるが，質疑段階の後半で述べられたときにはスコアしない。
Emb	徽章反応（Emblem）	「国旗」「勲章」「帽子の徽章」「王冠（Emb・Orn）」など
Orn	装飾反応（Ornament）	「リボン」「蝶ネクタイ」「花びん（Orn・Hh）」など
Stat	肖像反応（Statue）	「ナポレオンのブロンズ像（Stat・H′）」などというようにブレンドになることが多い。
Art	芸術反応（Art）	「絵画」「デザイン」「図案」など
Mu	音楽反応（Music）	「バイオリン」「三味線」「楽器」など
Rec	娯楽反応（Recreation）	「ダンス」「お祭り」など

Toy	玩具反応（Toy）	「こま」「ウサギのおもちゃ（Toy・A′）」「花火（Toy・Fi）」など	
Imp	道具反応（Implement）	「ペンチ」「かなづち」など手に持って使用するもの。	
Hh	家具反応（Household）	「机」「電気スタンド」など置いたままで使うもの。	
Tr	交通乗物反応（Transport）	「飛行機」「船」「ボート」「ロケット」など	
Sc	科学反応（Science）	「チョウの標本（A・Sc）」「解剖図（Atb・Sc, Atf・Sc）」など。 ※「顕微鏡でみた○○」など，ブレンドになることが多い。	
Voc	職業反応（Vocation）	「聴診器」「行司の軍配」など Imp に近いが，やや特殊的・技術的なもの。	
Rel	宗教反応（Religion）	「仏具」「こまいぬ」「十字架」「大仏」「天国と地獄」など，宗教的色彩の強い事物，動物，人。※ブレンドになることが多い。	
Myt	神話反応（Mythology）	「火の玉（Fi・Myt）」「ペガサス（A/・Myt）」など	
Antq	古代反応（Antiquity）	「はにわ」「化石」「モアイ像」など太古とか原始時代の事物。	
Anth	人類学反応 （Anthropology）	「トーテムポール」など民俗学的色彩をもつもの。	

		自然・外界の事象関連の反応	
Bot	植物反応（Botany）	「木」「草」「葉」「海草」など。「野菜」「ニンジン」「ダイコン」などは Fd とする。	※ Bot と Flo は，Content range 算出の際は 1 項目とする。
Flo	花反応（Flower）	「きれいな花」「カキツバタ」「チューリップ」など	
Nat	自然反応（Nature）	「石」「山」「水」「空」「雪」「海の底」「池」「霧」など	
Cave	洞穴反応（Cave）	「洞くつ」「動物が住むほら穴」など	
Geo	地図反応（Geography）	「四国」「北アメリカ」「半島」「湾」など	
Lds	風景反応（Landscape）	「日の出」「峡谷」「雪景色」「富士山」など Nat よりも美的，遠近知覚的（FV）であり，総合的，抽象的な反応。	
Fnt	泉反応（Fountain）	「噴水」「泉」など	
Arch	建築反応（Architecture）	「建物」「家」「塔」「橋」「門」など	
War	戦争反応（War）	「弾丸」「原子爆弾（War・Exp）」「鉄カブト（War・Cg）」など 戦争，武器に関するもの。※ほとんどの場合ブレンドとなる。	
Exp	爆発反応（Explosion）	「火山の噴火（Nat・Exp）」「ロケットの噴出（Tr・Exp）」など	
Fi	火反応（Fire）	「火」「火の玉（Fi・Myt）」など	
Li	明り反応（Light）	「電灯の明り」「灯台に火がともっている（Arch・Li）」など	
Sm	煙反応（Smoke）	「汽車の煙」「火山の噴煙」など	※ Sm と Cl は，Content range 算出の際は一つの項目とする。
Cl	雲反応（Cloud）	「入道雲」「いわし雲」「雲」など	

		その他	
St	しみ反応（Stain）	「しみ」「絵の具のよごれ」など	
Sign	記号反応（Sign）	「文字」「記号」「音符」「木という字」など	
Abs	抽象反応（Abstraction）	「春」「夢」「怒り」など	
Mi	その他の反応 （Miscelaneous）	上に述べた項目に含まれない反応をここに入れる。	

（2）整理の方法と留意点

1）分類記号化の原則

一つの反応には一つの Content という原則をとるものとする。ただし，「原子爆弾の爆発（Exp・War）」の反応のように，一つの反応でもブレンドとすることがある。

2）ブレンド

ブレンドは最大限 3 個までを原則とする。自由反応段階と質疑段階で自発的に積極的に被検者が述べたものだけを対象とする。

3）A% の算出

A 反応（A, Ad, A/, Ad/, A´, Aob）の総数が総反応数のうちどれだけの割合を占めるかを算出する（p. 94）。

4）H% の算出

Human 関係の反応（H, Hd, H/, Hd/, H´, Mask）の総数が総反応数のうちどれだけの割合を占めるかを算出する（p. 95）。

5）Content Range

どれだけの種類の反応内容が得られたかをみるために，Content Range を示す。ただし，Animal 関係の反応（A, Ad, A/, Ad/, A´, Aob），Human 関係の反応（H, Hd, H/, Hd/, H´, Mask），Anatomy 関係の反応（Bl, X-ray, Atb, Atf, Dis）はそれぞれ一括して一種類と数える。また Bot と Flo，Sm と Cl も，同系統の反応としてそれぞれ一種類とみなす。その他の Content はすべて 1 個の項目を一種類と数えて計算し，その合計をもって Content Range とする（p. 90）。

6. 平凡反応（Popular response）

（1）定　義

特定のブロットの領域に，多くの被検者によって，しばしば与えられる特定の反応が平凡反応（P 反応）である。公共反応と呼ばれることもある。この P 反応の決定の基準には，時代や地域の影響もあり，各研究者間の一致がみられない。名大法では，標準化時に多くとられていた（6 人中 1 人以上みられる）頻度を一応の基準とし，上位 10 個の反応を P 反応としている。表 3-5 に出現頻度の多い順に，他技法等の結果と対照したものを参考として示した。他技法については，P 反応とする基準が異

表 3-5　平凡反応出現率

	図版	Location*	Content	人数(出現率)	Beck (1950)	Klopfer (1954)	片口 (1987)	阪大 (辻・福永, 2018)	包括 (Exner, 2003)	子ども (松本ほか, 2009)
1	V	W	コウモリ・チョウ	580 (79.9%)	+	+	+	+	+	+
2	Ⅷ	D_1(W)	四足獣	486 (66.9%)	+	+	+	+	+	+
3	Ⅰ	W∧	コウモリ・チョウ	478 (65.8%)	+	+	+	+	+	+
4	Ⅲ	D_1(W)∧	人間・ガイコツ	470 (64.7%)	+	+	+	+	+	+
5	Ⅱ	D_1∧	クマ・イヌ	151 (20.8%)	+	+	+	+	+	+
6	Ⅳ	W∧	毛皮	130 (17.9%)	+		+	+		
7	Ⅱ	W(D_8)∧	人間	119 (16.4%)	+		+	+		
8	Ⅷ	D_2	花	106 (14.6%)			+	+		
9	Ⅹ	D_1	クモ・カニ	102 (14.0%)	+	+		+	+	+
10	Ⅵ	W(D_2)	毛皮	95 (13.1%)	+	+		+	+	
			以下は参考							
11	Ⅳ	W	コウモリ	74 (10.2%)				+		
12	Ⅳ	D_1	動物の頭(四足獣)	71 (9.7%)				+		
13	Ⅶ	W(D_5)	人間	71 (9.7%)	(+)		+	+	+	+
14	Ⅳ	W	人間・鍾馗	50 (8.3%)				+	+	+
15	Ⅵ	D_1	トンボ	46 (6.3%)						
16	Ⅸ	d_1	動物の頭	42 (5.8%)						
17	Ⅰ	D_1	人間	41 (5.6%)	+					
18	Ⅵ	W	徽章	39 (5.4%)						
19	Ⅷ	D_2	チョウ	37 (5.1%)						
20	Ⅰ	Ws	動物の頭(四足獣)	33 (4.5%)						+
21	Ⅹ	d_2	ウサギの頭	32 (4.4%)	+	+				
22	Ⅲ	D_4	リボン	32 (4.4%)	+	+		+		+
23	Ⅶ	D_1	イヌ・ウサギ	32 (4.4%)			+			+
24	Ⅱ	D_4	チョウ	31 (4.3%)	+					
25	Ⅷ	W	花	31 (4.3%)						
26	Ⅸ	W	爆発	31 (4.3%)						

* とくに位置（position）の表示のないものは，上下や横向きなど位置にかかわらず P 反応とする。
* 名大法では上位 10 個の反応を P 反応とする。

なる場合がある（たとえば，3 人中 1 人以上とするもの，「イヌ」などと特定しているものと「動物」と総称しているもの，特定の領域（D 反応として）指定しているものとそれを含む W 反応でもよいとするもの等），および名大法にはない P 反応もあるため，詳細は各文献を参照されたい。

(2) スコアする際の留意点

①同一図版に同じ Content が繰り返されるときは，はじめの反応のみに P を与える（たとえばカード I の W に「チョウ」と「コウモリ」がみられたとき）。

②カードⅢのW反応で，D_1の人間を含んだ反応およびカード，ⅧのW反応で，D_1の動物（四足獣）を中心とした反応もPとする。

③カードⅡの人間（D_8），カードⅥの毛皮（D_2）は，いずれもW反応となることが多いが，当該D領域のみの反応であってもPとする。

④カードⅧの四足獣は，ブロットとの一致を考慮すること。トカゲやカメレオンは含まない。

⑤Pに準ずる反応は（P）とする〔たとえばWでPの場合，Ｗでは（P）とする〕。Pとはカウントしないが，解釈の参考にする。

⑥子どもの場合，松本ほか（2009，年長児～中学生436名）では「怪獣」（Ⅳ，W），「楽器」（Ⅵ，W），「顔」（Ⅹ，DdS）もP反応とされている。これらは最近では成人においても多く出現する。

4章　名大法独自のカテゴリー

　名大法は独自のカテゴリーとして「感情カテゴリー（Affective Symbolism）」と「思考・言語カテゴリー（Thinking Process and Communicating Style）」をもっている。感情カテゴリーは，DeVos, G.（1955）により考案され，その後，西尾ほか（1964）の研究などにもとづき，いくつかの修正が加えられて現在に至っている。思考・言語カテゴリーは，植元（1974）を中心に体系化され，その後，森田ほか（2010），高橋ほか（1995, 2001）の研究により，検討が試みられている。

　いずれも，名古屋ロールシャッハ研究会発足の初期から用いられているが，分類記号（以下，スコア）の数が多く，今なお課題を残している。しかしながら，Location, Determinant, Content といった従来の基本カテゴリーから分類記号化（スコアリング）を行い，数量化した結果のみからはすくいきれない，被検者の情緒や認知のあり方を深く理解するうえで，大変有用で価値のあるものだと考えられるので，この二つのカテゴリーについては，定義やスコア例とその心理学的意味づけを併せて本章で説明する。

1．感情カテゴリー（Affective Symbolism）

　本カテゴリーは，反応内容（Content）に反映されている感情的価値（affective value），感情表現に注目し，その相違を分析，量化することによって，個人の感情的構造を明らかにしようとするものである。たとえば「2匹のサルが楽しそうに踊っている」という反応と「2匹のクマがはげしく格闘している」という反応はともに「D_{1+1B}, FMa+, A」とスコアされるが，そこに付加されている感情に着目することによって反応の特徴を生かそうとするものである。

　分析に際して，反応内容のもつ Affect は，それが具体的に快・不快，その向けられた対象の性質およびその関係，意識にのぼっている最も直接的で表面的なものから精神分析学でいわれるような無意識的，象徴的な意味づけを必要とするものまで，包括的に取り扱われている。

　サブカテゴリーとしては，敵意感情（Hostility），不安感情（Anxiety），身体的関心（Bodily Preoccupation），依存感情（Dependency），快的感情（Positive Feeling），その他（Miscellaneous），中性感情（Neutral）から構成され，さらにそれぞれのサブカテゴリーの中に個別具体的なスコアが含まれている。以下にその一覧（表4-1）を示し，分類基準および，その意味づけについて述べる。

表 4-1　感情カテゴリー一覧

サブカテゴリー	スコア
Hostility （敵意感情）	Hor（oral）, Hdpr（depreciatory）, HH（direct hostile）, Hcmpt（competitive）, Hh（indirect hostile）, Hha（ind.host-anxious）, Hhat（tension）, Hhad（distorted）, Hsm（sado-masochistic）, Hden（denial of hostility）
Anxiety （不安感情）	Athr（threatening）, Acnph（counterphobic）, Aobs（obsessive）, Adef（defensive）, Aev（evasive）, Adif（diffuse）, Adis（disgusting）, Agl（depressive gloomy）, Abal（unbalanced）, Acon（confusion）, Asex（sex of figures）, Adeh（dehumanization）, Afant（fantastic or weird）
Bodily Preoccupation （身体的関心）	Bb（bone）, Bf（flesh）, Bn（neural）, Bs（sexual anatomy）, Bso（sexual organs）, Ban（anal）, Bdi（disease）, Bch（childbirth）
Dependency （依存感情）	Df（fetal）, Dor（oral）, Dcl（clinging）, Dsec（security）, Dch（childishly toned）, Dlo（longing）, Drel（religious）, Daut（authority）, Dsub（submissive）
Positive Feeling （快的感情）	Por（oral）, Ps（sensual）, Pnar（narcissistic）, Pch（childish）, Prec（recreation）, Pnat（nature）, Porn（ornaments）, Pst（striving）, Pcpt（co-operative）, Pden（denial of positive）
Miscellaneous （その他）	Mor（oral）, Man（anal）, Msex（sexual）, Mpret（pretentious）, Mgrand（grandiose）, Mi（indefinite）
Neutral（中性感情）	N（neutral　とくに明確な感情的付加のない反応）

（1）敵意感情（Hostility）

反応の中に敵意的要素が明確にあるもの。

表 4-2　敵意感情の種類と定義

Hor （oral aggressive responses） 口腔攻撃反応	歯および，それがかむ動作として用いられる反応。退行的な口腔加虐的な特徴を示すと考えられる。	「口をあけて，何かくわえている」 「キツツキが木をつついている」
Hdpr（depreciatory responses） 蔑視反応	間接的な敵意をほのめかす人間の蔑視，あるいは非人間化の反応。	「マンガ化された人」「ピエロの踊り」
HH （direct hostile responses） 直接敵意反応	言語的，身体的な直接の敵意攻撃の表現。現実に攻撃的であるとか敵意が強いといわれる人に多くみられる。	「ケンカしている」「決闘」「怒っている」
Hcmpt （competitive responses） 競争反応	二つのものが互いに競い合っている反応。遊戯的なもので敵意が直接なくてもスコアされる。	「押し合い，引っぱり合い」「子グマが相撲をとっている」（Dch. Prec）
Hh （indirect hostile responses） 間接敵意反応	間接的に攻撃や破壊に関連した反応。しばしば男根的攻撃が示される。次の Hha とは，去勢の不安についての防衛的な不安の表現が少ないという点で区別される。	「剣」「火」「フォーク」「ウシの角」
Hha （indirect hostile-anxious responses） 間接敵意不安反応	「切りとる」「締めつける」など，道具や武器が含まれる反応。去勢の恐怖という点で Hh より潜在的不安を示している。	「ハサミ」「ペンチ」「血液」（血液はとくに単独で反応された場合）

Hhat (tension responses) 緊張反応	自我に受け入れられない，敵意のある攻撃的感情を示す。それが抑圧，あるいは抑制されているものの，十分でないという不安も存在する。このような内部緊張が投影されている。	「爆発」「機雷」「竜巻」「入道雲，むくむくしている（Adif）」
Hhad (hostile-anxious, distorted or incomplete figures) 欠損反応	一部欠損している人間，動物の姿。男性の場合，去勢不安の一つの間接的な象徴化。女性では，身体に対する不満感を示しており，body image に関連する。	「頭のない人間」「羽のない鳥」
Hsm (sado-masochistic responses) 被－加虐反応	サド・マゾヒスティックな緊張や不安を象徴する反応。さらに生体組織への冒涜も含まれる。ある意味で，Hhat, Hhad の極端な形である。	「殺されたところ，血まみれの足」「人体を解剖して骨をとった内臓」「布を切り裂いた」
Hden (denial of hostility) 敵意否定反応	敵意を意味する反応の前や後に，優しい反応をしたり，優しさを強調することで敵意を隠そうとしたりする反応。単独ではスコアされない。拒否された元の感情とブレンドになる。	「義歯」（Hor）「二人はケンカをしているのではなく楽しく話し合っている」（HH・Prec）

（2）不安感情（Anxiety）

　不安を暗示する象徴的な内容や，不安を意識化することに対する防衛を示すもの。

表4-3　不安感情の種類と定義

Athr（threatening percepts） 脅威反応	直接恐れを感じさせる姿，恐ろしい光景を示す反応。	「鬼」「お化け」「ゴリラ」
Acnph (counterphobic percepts) 不安反対反応	不安があるにもかかわらず，それに逆らって何らかの防衛を示そうとする反応。これによってはっきりしない不安や，特殊な恐れに対する手掛りが得られる。	「（黒白カードの黒色部分に）花」「ゴリラの玩具」
Aobs (obsessive and projective percepts) 強迫的投影	不安に対する投影や強迫という防衛機制が考えられ，罪悪感の投影も指摘される。	Dd の領域に「人の顔」，ブロットの突き出た領域に同じような反応を反復，あるいは，ただ単に「目」「さしている指」などの反応。
Adef（defensive percepts） 防衛反応	恐怖もしくは危険をもたらす対象を避けて身を守ろうとする自己防衛反応。	「ヨロイ」「お面」「逃げていくところ」
Aev（evasive responses） 回避反応	ブロットに混乱し，反応を曖昧なものにした場合。密接な関与をしないという逃避的な構えが推測される。	「（特別な内容をもっていない）地図」「ピカソの絵」など超現実的，非客観的芸術。
Adif（diffuse responses） 拡散反応	その根底に不安の感じられる「雲」「影」など。特定の症状と結びつかない不安を暗示する。	「雲」「影」「煙」「底なしの穴，暗く黒い」「（身体の部位が示されていない）レントゲン写真」
Adis（disgusting percepts） 嫌悪反応	嫌な気分を抱かせる動物や事物の反応。有害で嫌悪感をもつ動物は，脅威感情が結びつくこともある。	「イモムシ」「回虫」「クラゲ」
Agl (depressive gloomy percepts) 陰うつ反応	嘆き，悲しみの感情を強調する反応。内的温かさ，活気のなさを示している。多くは性的衝動の破壊的意味に対する罪の意識を示している。その破壊的な感情に対して無気力で，服従的で，諦めの防衛へと退いている。	「死んで落ちたコウモリの哀れな姿」「廃墟」「木の古株」

Abal (unbalanced responses) 不安定反応	運動感覚的不安定性や不安定な感情を示す反応。外的な支えに対する不安感，対人関係での不安に関連し，衝動を統制できない頼りない受動性を意味している。	「逆立ち」「千尋の谷を渡っていく」「心の煩悶」
Acon （confusion percepts） 混乱反応	反応の一部として，内的混乱や逡巡が象徴的に言語化された反応。	「何をするのかわからないで，ぐるぐる回っている昆虫の群」
Asex (confusion over the sex of figures) 性的混乱反応	一つの知覚に性の混乱があるような場合で，性的同一視に関する不安を示す反応。同性愛やその他の性的倒錯はここにスコアされる。	「女のドレスを着た男」「乳房とペニスのある人」「ビキニ姿のひげのおじさん」
Adeh (dehumanization percepts) 非人間化反応	普通「人間」と見られやすいところに他のものを見る反応。実際には，カードⅢ，D_1 に限られる。対人関係での不安を示す。	「アヒル」「人の石像」
Afant (fantastic or weird percepts) 空想怪奇反応	グロテスクで奇妙な幻想的性質をもった反応。神話や童話で普通にみられるものはスコアしない。これらは不安定な性的同一視や現実検討力についての障害等に関係している。	「羽の生えたカエル」（Athr），「エビとフクロウのあいの子」「海底深く住んでいるグロテスクな怪物」（Athr）

(3) 身体的関心 (Bodily Preoccupation)

　解剖学的な性質をもった反応で，一般に自己愛的に内部へ向けられ，身体に結びついた感情を示している。精神分析的にいえば，リビドー，生命エネルギーといわれるものが，外界の対象に自由に向けられず，自分の身体やその部分が性的な，あるいは破壊的な感情の焦点となっていることを示す。

表 4-4　身体的関心の種類と定義

Bb （bone anatomy percepts） 骨格反応	抑制的な防衛と関係する一方，統制が失われることへの恐怖も示される。	「ガイコツ」「肋骨」「骨の X 線写真」（Adif）
Bf (flesh or visceral anatomy responses) 筋肉内臓反応	性的あるいは病的 (disease) 以外の内臓を含む反応。Bb よりも悪性である。外傷や手術の体験，特殊な器官や病気への関心や恐怖が Bf を産出することがある。	「心臓」「胃」「肺」
Bn （neural anatomy percepts） 神経反応	神経組織，脳組織の反応。知性化への自己愛的傾向がある。	「神経組織」「脳の手術」「神経の解剖図」
Bs (sexual anatomy responses) 性解剖反応	直接見ることのできない性器官に関係した反応。身体的な関心が性的機能に向けられている。	「子宮」「ペニスの横断面」
Bso (sexual organs or activity percepts) 性器性交反応	外性器または性行為に関する反応。健常者にもみられるが，不適応の人により多くみられる。性行為の知覚は，自閉的な性的関心の極端な例と考えられる。	「ペニス」「バギナ」「性行為をしようとしているような」
Ban (anal organ or anatomy percepts) 肛門反応	内部外部を含めて肛門部に関する知覚の反応。肛門愛の存在に関連し，内部の肛門解剖反応は，潜在的パラノイド，統合失調症を示唆する場合もある。	「肛門」「直腸」

| Bdi
(disease or decay percepts)
疾病腐敗反応 | 筋肉の腐敗や身体組織の病気を含む反応。統合失調症スペクトラム障害にみられる。性倒錯を悩む人が示すこともある。 | 「胃ガンにかかっている」「痔をわずらっている人の出血」 |
| Bch
(childbirth or pregnancy)
出産妊娠反応 | 誕生の過程に自閉的な関心を示す反応。高齢の女性では強い心気症的な逃避や生殖機能喪失への不安を示す。 | 「妊娠している女性，胎児が中にいて」（Df） |

（4）依存感情（Dependency）

対象関係における依存的な態度。退行的性質をもっているもの。

表 4-5　依存感情の種類と定義

Df (fetal embryonic or newborn percepts) 胎児反応	胎児や赤ん坊等の反応。強い退行的な傾向，母への原始的固着を示す。	「ブタの胎児」「新生児」「ヒナ」
Dor (oral dependent percepts) 口腔依存反応	直接あるいは間接に口唇依存的な性質を示す反応。口唇的満足を攻撃的でないやり方で得ることが強調され，Hor と区別される。	「吸う」「なめる」「キス」（Ps）
Dcl (clinging or hanging percepts) 固着反応	くっつく，ぶら下がる，しがみつく等の反応。外界の事物に対する受動的依存的態度を示唆する。	「よりかかっている」「落ちないように，へばりついている」（Abal）
Dsec (security percepts) 安定反応	「家」「城」「穴」「いろり」等，暖かさや囲むことを象徴する反応。保護，母の養育，胎内への復帰の幻想の間接的な願望実現を示している。	「フトンを敷いて寝ている」（Ps），「灯台の明り」
Dch (childishly toned percepts) 幼児様反応	子どもっぽい知覚は，幼児的な依存傾向を間接的に示している反応。動物や人間の子どもを見たり，愛称や幼児語を使ったりするのは依存的同一視が考えられる。	「童話にでてくるリス」「魔法使い」（Athr），「クマのダンス」（Prec）
Dlo (longing percepts) 憧憬反応	憧れを示す反応。遠くに見える像，はるか向こうの小さな姿，遠くに見える目標などは Dsec と同様，切望，願望実現を示す。（Dlo は，Dsec の代わりにスコアされるものであり，同時にスコアされることはない）通常反応とともに示されることが多い。	「ジャックと豆の木の木が上にのびて，上の方に宮殿がある」（Dch），「霧がとりまいている魅惑的な丘」
Drel (religious percepts) 宗教反応	宗教的内容，祈っている姿などの反応。救いを外部に求めようとする依存的感情を意味し，罪悪感を示唆する。	「仏像」「葬式の花環」（Agl, Porn），「エンマ様」（Athr）
Daut (authority percepts) 権威反応	権威の象徴や権威的な姿の反応。権威への依存願望をもった権威主義的パーソナリティを示す。人間関係においては受動性を示すかもしれない。	「王冠」「平和のマーク」「天人が悪魔をいましめている」（Athr, Dch）
Dsub (dependent, submissive percepts) 従属反応	権威や仕事に対する従属的態度を表現する反応。	「頭をたれている二人の少女」「重い荷物を背おったロバ」（Agl）

（5）快的感情（Positive Feeling）

　食物とか感覚的な喜び，娯楽の活動，自然の美しさ，そういったものに関して積極的な喜びの感情を示す反応。快的な対象への備給（object cathexis）を示すもの。外部の対象や自分自身の体に対し，喜びの関係をもつ能力を示し，精神−性的な成熟度，退行の程度等も示す。

表 4-6　快的感情の種類と定義

Por (positive oral percepts) 口腔快的反応	食物反応（Fd）が楽しい連想をもっているときにスコアされる。Fd が快的な備給の唯一の表現であるならば，口愛期への退行が考えられる。	「パン」「魚のてんぷら」「アイスクリーム」
Ps (sensual body contact responses) 感覚的接触反応	触覚的刺激を示す反応。身体や皮膚の接触感覚が性愛化を暗示するパーソナリティが推測される。時に自己愛的な傾向と関係している。	「キツネのえり巻」「キス」(Dor)，「火で手を暖める」
Pnar (body narcissistic responses) 自己愛反応	個人的装飾を強調するような反応。対象への関心が自己に向けられ，対象関係の発達の不完全さを示す。	「鏡を見ている」「水に映っている影を見ている動物」「ネックレス」
Pch (childish pleasure responses) 幼児的快反応	子どもっぽいゲームや子どもっぽい内容における喜びを示す反応。 大人の不安から離れ，幸福なときと理想化されている幼児期への郷愁を示す。	「サンタクロース」(Dch)，「フランス人形」(Dch)
Prec (recreation responses) 娯楽反応	娯楽的活動，文化的なもの，楽器等の反応。このような快的な反応はそれ自体，自我統制の良さを示している。	「バレー」「サーカスの道化師が踊っている」(Hdpr)，「花火」(Hhat)，「ギター」
Pnat (pleasure in nature responses) 自然美反応	自然や生きものの美しさを示す反応。自然美に対する喜びは，個人的あるいは対人的関心から移行した快的な対象への備給をあらわしている。	「（きれいな）花」「日の出」「富士山」
Porn (pleasure in objects and orna-ments) 装飾反応	「美しい品物」「図案」「装飾品」などについての快的な感情を示す反応。直接的自己愛が昇華された一つの形とみることができる。	「リボン」「クリスマスツリーの飾り」(Pch)
Pst (striving responses) 努力反応	目標達成への積極性が強調され，その目標がポジティブな性質をもつとみられる反応。一般的には現実の生活でもそのように活動していると理解できるが，目標により種々の解釈がとられる。	「動物が木に登っていく」「獲物を捜している。狙っている」(HH)
Pcpt (co-operative responses) 協力反応	人間もしくは，動物の行動が協力を伴って行われている反応。	「仲良く暮している」「二匹の動物が左右から棒を支え合っている」
Pden (denial of positive feeling) 快否定反応	喜びの感情のないことを強調する反応。	「楽しくないダンス」(Prec)

（6）その他（Miscellaneous）

　以上のどのカテゴリーにも，たやすく分類することができないが，何らかの感情要素の含まれた反応をまとめたものである。

表 4-7　その他の種類と定義

Mor (miscellaneous oral percepts) その他の口腔反応	敵意，依存，快の性質が直接には認められないが，食べることや食物を得ることに間接的に関連している反応。	「口を開けている」「舌を出している」
Man (miscellaneous indirect anal responses) その他の間接的肛門反応	間接的に肛門の部分や，その機能に興味を示したり，かかわりあったりする反応。	「検便の虫」(Adis)，「泥」(Adis)，「火山のガス噴出」(Hhat)
Msex (miscellaneous sexual percepts) その他の性的反応	下着類など，間接的な性的関心を示す反応。男性の場合，隠されたフェティシズム的な関心が考えられる。	「ブラジャー」「胸から腰の辺，裸ですね」
Mpret (social and intellectual pretentious responses) 自己誇示反応	社会的，知的なものへの関心を示し，自己顕示の手段として知識を用いる反応。強い代償的欲求の存在と理解され，Hdpr や Daut との関連が指摘されることがある。	「はなやかさと憂うつさ」「Avon の不死身詩人」「哲学の教義を議論している二人」(Hcmpt)
Mgrand (grandiose responses) 誇大反応	宇宙的，誇大的な言葉で表現された反応。内的状態，内的緊張感が投影されている。極端な場合，自己の境界の病的拡張か，パラノイドの誇大的な代償的自己評価を意味する。	「天照大神が岩戸から出るところ」(Daut)，「重苦しい圧政」(Athr)
Mi (affectively laden percepts of an indefinite nature) 分類不能	何か象徴的な感情をもつようにみえるが，分類できない反応。	「笑っている」「交通信号」「半幻想」

（7）中性感情（Neutral）

　感情的象徴性がほとんどない反応。「クマ」「ウシの頭」「向き合っている人」等。N と表記する。

（8）整理の方法

　感情カテゴリーのスコアを用いて，個人の感情的構造をとらえるための指標を算出する。指標の算出については，次のように行う。

1）分類記号化の原則

　一つの反応に異なった Affect があればブレンドにする。ただし，自由反応段階での内容を重視し，質疑段階を加味して，原則として最大限 3 個までとする。Neutral は他とブレンドになることはない。

2）N% の算出（p. 90）

全反応の中で Neutral 反応が出現した割合を N% として算出する。

$$N\% = \frac{\text{Neutral 反応の総数}}{\text{R（総反応数）}} \times 100$$

3）各サブカテゴリーの比率の算出（p. 90）

各サブカテゴリーの比率を算出して，指標として用いる。中性反応（Neutral）以外の，スコアされた Affect の総和（Affect Total）を求め，それを分母としてサブカテゴリーの相対比率を算出する。

$$\text{（例）Hostility\%} = \frac{\text{Hostility スコア数}}{\text{Affect Total}} \times 100$$

4）Total Unpleasant%（p. 90）

敵意，不安，身体的関心の三つのサブカテゴリーの比率の合計である。

5）サブカテゴリーの出現割合の目安

表4-8　各サブカテゴリーの出現比率

	標準化時 *	森田（2009）
対象者	18~60 歳代, 726 名	20~25 歳, 100 名
Hostility	19.3%	20.3%
Anxiety	24.7%	29.8%
Bodily Preoccupation	10.7%	3.9%
Total Unpleasant	54.7%	54.0%
Dependency	14.0%	17.0%
Positive Feeling	29.0%	23.3%
Miscellaneous	2.3%	5.7%
Neutral	55.4%	37.7%

* 注）標準化当時の数値は，村上（1959）をもとに再計算した。
（初期は現在と異なり，Neutral と他の Affect を合わせて割合（%）を算出していた。）

（9）心理学的意味づけ

個々のスコアおよびサブカテゴリーの意味については，これまで言われてきた内容を表4-2〜表4-7 に記載した。以下は，指標について説明する。

（a） 5つのサブカテゴリー（Hositility, Anxiety, Bodily Preoccupation, Dependency, Positive Feeling）は，いずれも誰にでも生じうる感情である。その人の中で相対的にどれが多くを占めているかというバランスを見る。少なすぎても抑圧が働いている可能性を検討する。

（b） Total Unpleasant %：50% を超えている場合，不快感情が高い可能性を考慮する。

(c)　Neutral%：一般に平均 40% 前後である。極端に多いのは high A%，high F% と関係し，常同的な防衛が働いていると考えられる。N% が低く，しかも Positive 反応が低いときは重篤な不適応を意味する。

(d)　なお，解釈にあたっては反応内容（Content）の意味づけと密接に関連するものであり，相補って検討されるべきである。

DeVos（1955，西尾訳　2018）によると，本カテゴリーは「反応の背景にある感情的象徴をスコアする」「精神分析理論にもとづくもの」とされ，反応内容の象徴を分析する要因として，次の五つが述べられている。

①特殊な Content の基礎になっている感情の調子：positive – destructive or negative

②反応の精神 – 性的な発達レベル（リビドーの発達段階のどこにあるのか）：mature – primitive or aggressive

③外からの圧力と内的な欲求の仲介者としての自我の社会化の程度と性質（直接リビドーがしめされているのか，衝動を統制するために自我防衛が用いられているのか，など）：subulimated – non-socialized or defensive

④周りの対象に向けられた「構え」や「態度」：active – receptive

⑤感情的な動因に含まれたカセクシス：object oriented characteristics – narcissistic characteristics

さらに，これら五つの分析要因とサブカテゴリーの関連について以下の解説がされている。

・Hostility, Anxiety, Positive Feeling カテゴリーは，①の感情で構成されている。

・Bodily Preoccupation カテゴリーは，身体カセクシス（⑤），病的な自我防衛や社会化の失敗（③）によって構成されている。

・Dependency カテゴリーは，対象関係（④）によって構成されている。

・精神 – 性的な発達レベル（②）は，いろいろなカテゴリーを通して示される。Hostility, Anxiety などのサブカテゴリーで，口唇期・肛門期…などの段階が示されることもある。また，たとえば口唇期であっても攻撃的・不安・依存的などの特徴が示されることもある。

2.　思考・言語カテゴリー（Thinking Process and Communicating Style）

　思考・言語カテゴリーは，ロールシャッハ法のプロトコルの中に広く分散してあらわれてくる思考・言語過程の様相，および質疑段階をも含めて被検者の言語表現（verbalization）や反応態度のすべてを分析の対象とするものである。

　ロールシャッハ法における思考過程の研究は，Rapaport, D. の逸脱言語表現（deviant verbalization）の研究に端を発するものであり，旧名大版の "Thinking Disturbance"（村松・村上，1958）は，そこから多くのものを受け継いでいる。現在まで使用されてきた本カテゴリー "Thinking Process and

Communicating Style" は植元（1974）が作成したものであり，Thinking Disturbance を中心にして，コミュニケーション様式や反応態度などを導入し，体系を拡大しながら実用化が進められてきた。統合失調症などの重い病理性を有する場合だけでなく，さまざまな水準のクライエントに対しての内的な世界探求を可能にする新しい枠組として考案され，本カテゴリーは13のサブカテゴリー，全85スコアから構成されていた。

植元（1974）は「本テストを積極的に精神病理学に寄与せしめたい」と語っており，本カテゴリーは精神病理をロールシャッハ法によって明らかにするという意図をもっていた。その後心理臨床実践現場で使われていく中で，このカテゴリーが検査状況の中での被検者－検査者関係を理解する指標として使用できることも明らかにされてきている。

本書では，このカテゴリーを改編して提示する。改編の理由は，①スコア数が多く，煩雑で実践的に使用しにくいこと，②統合失調症などの軽症化（統合失調症スペクトラム障害）や発達障害（神経発達症）の増加などもふまえ，成人の精神病理理解のみならず低年齢の対象者を考慮して，より広範囲な対象者に適応したカテゴリーにすること，③類似スコアの統合を図ることなどである。

具体的には，同じスコアに付随して「tendency」が付加されて別のスコアになっているものがあり，定義があいまいであるために原則的に省略した。また，元カテゴリーでは，他の文献から抽出しているスコアもあり，植元自身がほとんど経験のないものも含まれており，近年チェックされることが希なものや，精神病理用語をそのまま用いている用語も削除した。しかし，頻度は少なくとも重要と考えられる項目は残し，類似的と考えられるスコアは統合した。

本カテゴリーは本来数値を問題にするのではなく，個人的な在り方を明確にするカテゴリーとして考えられてきたものであり，どのように扱っていくかは今後の研究を待ちたい。元のカテゴリーは植元論文ほか，本章冒頭に記載した文献を参照されたい。

今回改編した内容を表4-9に示す。サブカテゴリー数は13，スコア数は65個となっている。以下にスコアの説明を記載する。また，各スコアの番号（〇内の数字）は，サブカテゴリー（1）については，⑩⑪…のように10番台とし，サブカテゴリー（2）は⑳から始まる20番台，サブカテゴリー（3）は㉚から始まる30番台として，スコア番号によってサブカテゴリーがわかるように工夫した。

なお，本節冒頭で述べたように，思考・言語カテゴリーは反応のみでなくすべての言語表現と反応態度を対象とするため，他のカテゴリーと異なり，Rejカードや Add 反応についてもスコア対象となる。

表4-9　改編した思考・言語カテゴリー（Thinking Process and Communicating Style）スコア一覧

（1）Constrictive Attitude　反応産出の困難さ・萎縮した態度
⑩ rejection　⑪ card description　⑫ color description　⑬ symmetry remark　⑭ contrast remark
⑮ color naming　⑯ encouraged response　⑰ oligophrenic detail response

（2）Abstraction & Card Impression　抽象的な表現・カードの印象
⑳ direct affective response　㉑ symbolic response　㉒ movement description

(3) Defensive Attitude　防衛的な態度

㉚ question sentence　㉛ negative sentence　㉜ apology（self-critic, object-critic）
㉝ question for instruction　㉞ additional response　㉟ modified response　㊱ changed response
㊲ demur　㊳ denial　㊴ secondary addition

(4) Obsessive & Circumstantial Response　強迫的な反応・些事にとらわれた反応

㊵ exactness limitation　㊶ hesitation in decision　㊷ detail description　㊸ obsessive discrimination

(5) Fabulization Response　作話的反応

㊿ affective elaboration　(51) definiteness　(52) affect ambivalency　(53) content-symbol combination
(54) overdefiniteness　(55) overelaboration

(6) Associative Debilitation & Unstable State of Consciousness　連想の衰弱・不安定な意識状態

(60) apathy in decision　(61) incapacity of explanation　(62) perplexity　(63) fluid　(64) forgotten
(65) indifferentiation of responses　(66) loose combination

(7) Repetition　反応の反復

(70) repetition tendency　(71) perseveration　(72) automatic phrases

(8) Arbitrary Thinking　恣意的思考

(80) arbitrary combination　(81) rationalization　(82) arbitrary discrimination　(83) figure-background fusion
(84) arbitrary response　(85) arbitrary belief　(86) overspecification

(9) Autistic Thinking　自閉的思考

(90) viewpoint fusion　(91) content-symbol fusion　(92) fabulized combination　(93) confabulation
(94) contamination　(95) contradiction　(96) deterioration color　(97) autistic logic

(10) Personal Response & Ego-Boundary Disturbance　個人的体験の引用・自我境界の障害

(100) personal experience　(101) utilization for illustration　(102) personal belief　(103) delusional belief

(11) Verbal Strangeness　言語表現の特異性

(110) verbal slip　(111) amnestic word finding　(112) indifference for verbalization

(12) Association Looseness　連想弛緩　(120)

(13) Inappropriate Behavior　不適切な言動　(130)

(1) 反応産出の困難さ・萎縮した態度（Constrictive Attitude）

反応産出に際しての困難さを総括したもの。反応拒否的態度やそれに類似した言動などがスコアされる。

心理学的意味は貧困な想像力と貧弱な生産能力を中心とするものであり，背景としては，感情的レベルではショック，知的レベルでは想像力の貧困，行動的レベルでは過度の防衛ないしは拒否的態度と解釈できる。精神病圏のクライエントにおいてあらわれるときは，思考や意志の障害，社会的要求である承認欲求，それにもとづくコミュニケーションへの欲求（need for communication），ひいては反応しよう（または反応したい）とする欲求（need for responding）の弱さであり，脳疾患などにおける知的能力の減退も想定される。病的なサインとしてのあらわれだけではなく，なかには，完全主義的な構えからくる萎縮や恣意的な教示の取り違えなどの場合もありうるので，留意が必要である。

表 4-10 Constrictive Attitude

⑩ rejection 反応の拒否	反応拒否または反応が産出されなかった場合。	「わかりません」「何も見えません」
	(1) 検査やテスターとの人間関係成立を避けること（承認欲求 "need for approval" の衰弱），(2) 検査やテスターとの人間関係成立における拒絶（神経症的レベルでの潜在的，顕在的敵意），(3) 対人関係における問題解決に際しての防衛的，逃避的態度によるあきらめ，(4) 強い達成動機（achivement drive）をもっていても完全主義的傾向によって反応産出が困難になっている状態，(5) self-critic の過剰な強さ，(6) 知的レベルでの柔軟な想像性や創造力等の乏しさ，(7) 時には検査に対する恣意的な構えによるものが考えられる。	
⑪ card description 図版の描写	図版についての描写などが述べられた場合。	
	(a) simple type：単なる図版の描写にとどまり，反応というよりは，図版についての単なる説明になっているもの。	「これは印刷されてますね」「真ん中が空いていて，上は赤いのがある」
	(b) 評価（Bewertung Bohm, E.）：図版に対する価値評価を述べるもの。審美的な評価が多い。	「この絵はきれいですね」「全体のバランスがちょっとおかしい」
	(c) 図版中のコントラストについての描写。ブロット内のある部分の対照（形態，濃淡，色彩など）に力点がおかれている場合。	「この黒と赤の対照が嫌な感じがする（Ⅱ）」「上の方が小さいのに，下が大きい（Ⅳ）」
	(d) その他の発言：(a)，(b)，(c) いずれにもあてはまらないような図版への言及。 simple type を除いては，反応産出の困難に際して，代償機制としての知性化が認められる。 単なる反応拒否と比べて，美的センスや秩序への関心の強さがうかがわれる。	「子どもの描いたような絵ですね」「こんな絵はあり得ない」
⑫ color description 色彩の描写	card description の一種であり，図版の色彩に関する言及にとどまる場合。	「これは明るい色が多いですね」
	Klopfer によれば，CF に近いものとされ，Bohm は，色彩ショックの一種と考えた。card description と比べて審美的な感受性が強く働いていると思われる。また，「うわ，気持ち悪い」などのように直接的に自分の感情を述べる direct affective response が抑制された形で図版の色彩のみの描写にとどまったとも解釈できる。	
⑬ symmetry remark 対称性への言及	反応を産出せずに単なる図版の描写として，左右対称性の指摘をする場合。	「左右対称ですね」「右と左が全部同じですね」
	厳密さとともに秩序への要求が背景にある。Philips は「強迫的機制の強い人格の人に多い」，と述べている。 ただし，留意点として，「イヌが二匹いる」など具体的な反応を伴う場合は，概念形成作用が強まっており，抑圧的な意味合いは弱まると理解されるため，その場合にはスコアに（ ）をつけておく。さらに，運動反応を伴う場合は，より高度な概念形成作用が働いていると考えられるため，本スコアはチェックしない。	
⑭ contrast remark コントラストへの言及	図版の中のコントラストについての描写。ブロット内のある部分の対照（形態，濃淡，色彩など）に力点がおかれている場合。	「この黒と赤の対照が嫌な感じがする（Ⅱ）」 「上の方が小さいのに，下が大きい（Ⅳ）」
⑮ color naming 色彩命名	図版やブロットについて色の名称を列挙するのみの場合。	「これは赤で，こっちは緑で」
	検査の教示を理解できていなかったか，了解能力の乏しさ，反応の不適当さを判断できない等の自閉的思考のあらわれが考えられる。	

| ⑯ encouraged response
励ましによる反応産出 | 検査者の励ましや刺激によって，反応が産出される場合。
防衛的，逃避的な構えや想像力，創造性を発揮しにくい萎縮した態度のあらわれである。神経症的防衛性や強迫機制，想像力，創造性の能力の貧困によるものがある。防衛的，萎縮的態度のために言語表現されにくいことが原因として挙げられる。 |
| ⑰ oligophrenic detail response
病的な部分反応 | たとえば，カードⅢの D_5 部分に「人間の足」のみの反応をするなど，本来であれば P 反応として D_1 に人間の全身像が反応産出されるべきものが，その一部分の指摘にとどまる場合。
強い不安感と構成能力の乏しさと考えられる。 |

(2) 抽象的な表現・カードの印象（Abstraction & Card Impression）

　図版全体に対する表面的な反応の仕方であって，カードの全部または一部のもつ特徴をもとにして直接的に感情を表出するもの，直感的に印象を述べるもの，象徴的な反応を産出するものである。その心理学的意味は，芸術的なセンスや過敏性のあらわれと考えられる

表 4-11　Abstraction & Card Impression

⑳ direct affective response 直接的な感情（感想）表出	図版全体，または図版の部分に対して被検者の感情を直接的に表出する場合。	「わあ，きれい」「このカードは好きです」「ここは気持ちが悪い」
㉑ symbolic response 象徴的な反応	図版の一部分の特徴にもとづいて，それを利用し，特異的な象徴化反応を出す場合。形 (form)，構成内容 (content)，色彩 (color)，陰影 (shading)，配置 (spatial relation)，それらの対照 (contrast) など，さまざな特徴が用いられる。	「口がとげとげしているから闘争のシンボル」(symbolic form) 「楽園。鳥がうたい，花が咲いている」(symbolic content) 「このいろいろな色の混じりは天国」(symbolic color) 「この青い色は陰鬱な世界を表している」(symbolic shading) 「分離，バラバラだから」(symbolic spatial relation) 「この黒と真ん中の白の対照は人間の心，善悪を思わせる」(symbolic contrast)
㉒ movement description 運動感の表出のみ	具体的な反応内容を伴わない運動知覚，運動感が表出される場合。未分化な衝動性の発現と考えられる。	「このカードからは動きが感じられる」「この部分は躍動感がある」

(3) 防衛的な態度（Defensive Attitude）

　対人的緊張とそれにもとづく防衛的態度で，自己不全感の意識の表現である。“反応しようとする欲求 (need for responding)”はあるが，その欲求は共存する“質への高い要求，こだわり (need for high quality)”によってかえって圧迫されてしまい，防衛的な反応をおこすものといえる。

　これには二つの型がある。① responding attitude（反応の出し始めに躊躇がある。しかし，何らかの激励や刺激により，反応がより自由に表出される能力をもっていると考えられるもの），② sequential change（より好ましいものを産出しようとする要求や，反応しようとする欲求 (need for responding) に伴う満足感への要求が反応産出後に強く働き，反応内容を修正したり，時に撤回してしまう場合）。

表 4-12　Defensive Attitude

㉚ question sentence 疑問形での反応産出	不全不安のあらわれであり，確信のもてないままに相手に保証を求める態度と理解できる。慣例的謙虚さの表現として，いわば perplexity の程度の弱いものとも解釈できる。	「～ですか？」
㉛ negative sentence 否定形での反応産出	question sentence よりも，さらに自信のない態度を示すが，同時に両価的傾向（ambivalency）の強さの反映でもある。impotence に類似する心理学的意味をもつ。	「～ではないです」
㉜ apology 弁明・言い訳	弁明的な言葉とともに反応が産出される場合。用心深さ，自信のない人格意識（自己不全不安）の反映である。自己批判，現実吟味についての表現であるので神経症的不安のあらわれと理解できる。下記のいずれかに分類すると解釈に有益であるが，分類できないものは，apology としてスコアする。	
	self-critic：その不安を自己の能力の乏しさに帰するもの。虐待を受けた子どもなどには self-critic がよくみられる。	「私には考える力がないから」 「私の記憶が定かではないが」
	object-critic：対象（ブロット）の不適当さに帰因させるもの。	「チョウにしては，ここにもう一つ羽があるはずなんですが，この絵にはないですね」
㉝ question for instruction 検査教示への質問	検査の教示を伝えた後，反応すべく図版に向ったときに，検査の教示に関して質問をする場合。	「見えたものを言っていけばよいですか？」「いくつでもよいですか？」「カードは回してもよいですか？」
	始動の困難の表現と解釈される不全不安の一つである。Phillips は「色々な限界や法則を規定することによって situation を支配しようとする企図のあらわれである」と述べている。とくに質問が反復されるときは防衛的態度とともに完全主義的な境界設定をしようとする強迫的傾向が共存していると思われる。また，対人的関心をもち，コミュニケーションへの意欲を示す場合もある。	
㉞ additional response 付加反応	質疑段階において反応が産出された場合。 萎縮的防衛的態度が，質疑段階になって想像性・創造性の自由さを取り戻したと言える。多くの反応を出したうえで additional response が出てくる場合は，量的野心の反映とも考えられる。	
㉟ modified response 反応の修正	自由反応段階あるいは質疑段階において，基本的知覚や概念は同一だが，反応の修飾または限定づけの仕方を変える場合。	「イヌ。赤いからケンカしている。いや，彼らは遊んでいる」 「人に見える…男性〈inq.〉あ，やっぱり女性の方が近いかな」
	防衛的ではあっても，それ以上の強い完全性への達成欲求（achievement need）をもっていると解釈できる。 ここでは最初の反応は修正されるが，基本的な知覚 – 概念は同一である。修飾し，または限定する際に変わっていくことに注意する。	
㊱ changed response 反応の変更	modified response と異なり，その基本的知覚概念が改変されてしまう場合。	「コウモリに見えます…いや，濃淡があるので X 線の陰影に見える。…この形はコウモリにはしにくい」
㊲ demur 自由反応段階での打消し	自由反応段階のときに，一度出された反応を直ちに打ち消した場合。	「これ……カエルでもいい，カエルじゃない……カエルは違います（X）」

	Piotrowski のサインから得られたスコアである。 Phillips は，①平均または平均以上の知能を反映した評価的構え，②過度の用心深さ，躊躇，自己懐疑，③適切かどうか確信のもてない解釈をすることへの気の進まなさと解釈している。時には，思い切りの良すぎる撤回が神経症的防衛性以外のもの，たとえば，統合失調症的な両価性（ambivalency）を含む自閉的心性を感じさせる場合もある。	
㊳ denial 質疑段階での撤回	自由反応段階での反応が質疑段階で撤回される場合。 Phillips によると，自分自身に不確かであり，自己反省的劣等感と関連する。質疑において，直ちに否定される場合は，changed response と同様の心性を感じさせる。	
㊴ secondary addition 反応の拡大	自由反応段階において，一部のブロットについてのみ反応されたものが，質疑段階において近接の領域をも包摂し，そこに新しい概念形成または概念の拡大がなされる場合。説明をしながらだんだんと全体反応（W）に近くなる。	「これカレイですね……〈inq.〉赤があるのは，何でしょう。何かあるんでしょうね。カレイを料理するときに出た血じゃないかな。カレイから血が出ている（Ⅲ）」「人間でしょう……。横にあるのはマント。人間がマントを着て手を拡げている。（Ⅴ）」
	受動的な W への欲求の間接的な表現と解釈される。一度出した反応維持の乏しさという点において統合失調症スペクトラム障害が疑われる場合がある。	

(4) 強迫的な反応・些事にとらわれた反応（Obsessive & Circumstantial Response）

　中心的機制は強迫的な完全主義傾向（obsessive compulsive mechanism）であり，反応することへの欲求（need for responding）や正確さと完全性への要求が強い。詳細で冗長な言語表現の場合も類似の現象があらわれる可能性がある。表面上は類似の現象でも解釈上では注意を要すると思われる。

　Defensive Attitude のカテゴリーとは，不安のあり方において本質的な差はない。違いとしては，前カテゴリーが対人的緊張，問題解決の態度としての防衛的態度に中心をおいたのに対し，本カテゴリーでは対人的緊張，問題解決の態度に加え，刺激ブロットと反応に対する関心と忠実さの方が強いということである。

表 4-13　Obsessive & Circumstantial Response

㊵ exactness limitation ブロットの一部削除など	厳密さを期すだけでは満足できず，さらに自己のイメージや現実の像と合わせるために，ブロットの一部を除外したり追加したりして修正をしようとする場合。W や D の主に突起部分をカットすることが多い。 ただし，このような態度に恣意性が強く加わる場合は，後述の arbitrary response の方をスコアする。	「この出っ張りを無しにすると，バイオリン（Ⅵ）」「隙間があるから足が切れている（Ⅲ）」
	W への欲求と正確性への欲求である。自閉スペクトラム症（ASD）児者には正確性のこだわりがみられることがある。とくに P 反応（Ⅲ）のブロットの隙間が気になったり，これと関連して detail description を示すこともよくみられる。	

㊶ hesitation in decision 反応決定の躊躇	二つの反応間の決定に迷う場合や,一つの反応を産出する際の決定に躊躇を感じている場合。	「ニワトリのように見える……ニワトリではないかもしれない。見方によっては何でもよいような……」 「イヌの顔のような……あ,でも違うか。いや,やっぱりイヌかも…」 「コウモリかな,いや,チョウ。うーん,やっぱりコウモリかな,色的には」
	不決定不安 – 不全不安の表現であるが,二つの反応間の過度の躊躇は両価的傾向（ambitendency）の表現と考えられる。	
㊷ detail description 詳細な説明	出された反応について細部までその部分を指摘,説明しようとする場合。	「クワガタ。ここが頭,角が一本生えていて,ここは胴体。背中の部分。足はここに1本,2本……」
	強迫的機制にもとづく正確性,完全性への要求が細部拘泥の形であらわれたものと理解される。d領域を指して「ここの部分は何と言えばよいのか……」とこだわり続けている場合には,スコアに（ ）をつけておく。	
㊸ obsessive discrimination 対称性における差異の指摘	対称的な二つのブロットに対して,両者の違いを述べたり,微細な差を発見して指摘したりするなどの過度の厳密さがみられる場合。	「二人の人が向かい合っている。右側の人の方が少し背が高いですね（Ⅲ）」
	正確性,完全性に秩序への拘泥が加わっている。	

（5）作話的反応（Fabulization Response）

　具体的反応がなされた際,ブロットの性質を基にして,さらにその反応内容の種類,性質,それに附属する感情的調子等を指摘,限定付けしようとするもの。想像力や作話的機能の豊かさの反映でもあるが,過度の場合にはブロットを離れて作話的に反応を飾ろうとしたり,その反応の背景までも述べようとしたりすることになる。

　ここでの「作話」という訳は,精神医学用語としての「作話症」と同一ではない。ここでは知覚内容から連想した話を作る機能（fabulizing）を意味しており,一般的によくみられるため,作話のレベルと頻度に注意したい。

表4-14　Fabulization Response

㊿ affective elaboration 情緒的な明細化	情緒的な調子が反応内容の修飾の中心になっている場合。例示のように修飾の対象が明確であること。	「恐ろしいトラ」「きれいなネコ」「いやな感じの虫」
	個人的感情が容易に表出されやすい人格の反映であり,健常者から感受性に富む神経症圏,パーソナリティ障害,初期の統合失調症スペクトラム障害など,幅広く出現する。情緒的に豊かな青年期にもよく出現する。	
51 definiteness 限定づけ	人間,動物等のような一般的表現ではなく,ある特殊な限定づけをもったものに向けられて出された反応の場合。 多くの場合,受動的にブロットの細かい特徴にこだわる傾向に積極的にそのブロットの特徴を生かした概念化である。同時に作話的能力や合理化の能力が働いていることが推察され,一般に出現しやすいものである。	

	知性化防衛が感じられる，より知覚を精密化しようとするもの。性別 (sex)，年代 (age)，地域 (geometry)，時代 (era)，大きさ (size)，視点 (position)，特殊な動き (activity)，想像上のもの (reality) など，多様な修飾の仕方がみられる。	「女の人が二人」(sex)，「子ども」(age)，「ロシアのクマ」(geometry)，「中世の壺」(era)，「大きい怪獣」(size)，「上から見た○○」(position)，「腹筋運動」(activity)，「かちかち山のタヌキ」(reality)
	感情的な意味合いが強いもの。非生命化 (inanimation)，破損 (distorted) など，病的状態 (disease) などがある。	「ガイコツ」「剥製」「置物」(inanimation)，「首のない人間」「羽がボロボロのチョウ」(distorted)，「菌に喰われた肺」(disease)
⑫ affect ambivalency 感情面の両価性	反応に伴う感情的色合いにおいて，また質疑段階における理由づけの過程において，感情面の両価性 (ambivalency) が認められる場合。しかし，そこには了解可能性と共感の余地が存在している必要がある。	「派手な衣装を着た人……しかし，心は汚い。この飾りは綺麗だけど，反面にじんで汚いところがあって……(X)」
⑬ content-symbol combination 具体的内容と象徴の結合	形態その他のブロットの諸特徴から出された具体的反応と，象徴的に出された意味とが，ともに意識されたうえで一つの概念として統合される場合。	「これは二人の人が愛し合っている。これが人で (D₁)，この赤 (D₄) は愛情をあらわしているから (III)」
	単純な象徴的反応 (symbolic response) と比べて，ショックの程度，概念形成作用の程度に差がある。さらに，形態による反応内容と，象徴的な内容が分化されないレベルで融合しているような反応は，病態水準が低下して content-symbol fusion とスコアされる。	
⑭ overdefiniteness 過度な限定づけ	単なる definiteness 以上に反応内容の性質や状況を限定づけようとするものであり，強い作話 (fabulization) の機能を示している。ただし，ここではブロットの特徴をあまり離れず，むしろそれを根拠として作話がなされている場合にスコアする。作話的能力とともに自我コントロールの崩れを疑う必要がある。	「宴会をしている，ちょっとふざけているみたいなので宴会を思い出した (III)」この例においては次のように分析される。「人間」→「酒を飲んでいる。ここに盃がある」(definiteness)→「宴会している。ふざけている」(overdefiniteness)。
⑮ overelaboration 過剰な敷衍化	ブロットにもとづく具体的反応から発想するが，ブロットにないものまでとり入れて一つの概念を作ったり，背景，状況描写等がブロットの特徴から飛躍してなされたり，過去，将来のような説明づけがなされる場合。いわばTAT的な反応であるといえよう。	「あっ，これはコウモリです。まだ子どもで羽がヒラヒラして，暗いクモの巣のあるようなところにひっついている感じ (I)」
	前述の overdefiniteness と類似しているが，こちらの方が「お話的」な傾向の強いものであり，自我機能としての検閲作用の崩れがみられる。	

(6) 連想の衰弱・不安定な意識状態

(Associative Debilitation & Unstable State of Consciousness)

　病的サインであり，自我機能がうまく働かず，反応の産出・決定をめぐる精神的エネルギーの持続が困難な次の三つの場合が考えられる。

　①一つの反応の形態，領域を確定したり，好ましくないにもかかわらず，それを修正することがで

きない状態としてあらわれたり，それを意識して当惑，保証を求めることや混乱としてあらわれたりする。

②統合失調症スペクトラム障害におけるような内的構えの浮動性。

③反応への欲求（need for responding）を喪失していることにより，的はずし応答（Vorbeireden）であらわれるような達成欲求（acheivement need）の欠如と自閉性。

表 4-15　Associative Debilitation & Unstable State of Consciousness

⑥ apathy in decision 決定のできなさ	二つの反応間でより適当なものを決定する際の迷いや決められなさがある場合や，知覚の成立があいまいであり，反応の不適切さを修正する力がなく，はっきり説明できないまま放置されている場合。	
⑥ incapacity of explanation 説明のできなさ	質疑の段階において，自由反応段階で述べた反応の知覚理由を説明しえないような場合。	質疑段階において説明を求められたときに，黙ってしまったり，「何となく」「漠然と」「なぜと言われてもわかりません」という言語のみで表現。
	過度な防衛的態度のあらわれである場合や，把握のあいまいさ（vaguenes）と自信のなさとが混ざった場合。または，抽象思考の能力の障害による抽象レベルの混乱や質疑の意味の了解困難，時には拒絶的態度などが考えられる。	
⑥ perplexity 当惑と保証欲求	連想の弱さと自信のなさのために，自分が出した反応について検査者に保証を求めるような場合。	「コウモリじゃないでしょうか？」「ネコの顔に見えません？」
⑥ fluid 反応の流動性	質疑をくりかえすうちに内容の一部または全部が変わってゆく場合。検査者がプレスをかけるという意味ではない。人格意識の浮動性（Kuhn）の反映であると考えられる。	「地図のように見えます。〈inq.〉形が似ています。〈具体的に？〉これがアメリカで，これがチリ。〈アメリカの地図？〉いやヨーロッパです」「二人の女の子何か，人間でないです。人間だと思います。これ何かを持っている〈女の子？〉ここが頭，ここが胴で，手で，女の子は取り消し」
⑥ forgotten 反応の忘却	自由反応段階で産出された反応が，質疑の際には忘却されている場合。精神病理的意味としては，次のようなことが考えられる。 (1) 記銘力障害のある場合 (2) 反応することへの欲求（need for responding）やコミュニケーションへの欲求（need for communication）が減退して，的はずし応答（Vorbeireden）様に反応された場合 (3) 内的な構えが浮動的で，自由反応段階と質疑段階の際に意識の連続性が乏しい場合	
⑥ indifferentiation of responses 反応の区分不鮮明	二つの反応なのか，一つの反応と解釈すべきかの判断が困難なものや，一つの反応を出している途中で，次の反応を想起し直ちにその反応に移行したり，その後にふたたび前の反応に戻ったりする場合。	「二人が岩の上に立っている。この部分何か虫みたい。岩の上に二人がこちらを向いて（X）」「全体的に地図に見える。この白いところが。抜けた穴は宝石みたい（Ⅱ）」
	自信のない人が一つの反応を出しても，それに満足感がなく，連想過程のルーズも加わって途中で新しい反応を出す場合が考えられる。または明らかな統合失調症的自閉性の表現である場合もある。これは Wynne のいう「混沌としたまとまりのない思考（amorphous thinking）」のあらわれといえる。	

⑥ loose combination ゆるい結合	質疑段階において，最初に出された反応に，順次周辺のブロットをくっつけていき，最後にWとなる場合。出された反応内容とくっついていった反応内容との間に必然的な結びつきがなく，極端な場合はただ反応を羅列しただけかと疑わせるものである。	「人間。〈inq.〉これがクモです。これは青虫です。これはライオン〈別々の反応ですか？〉いや，みな人間の傍にいる（X）」
	受動的なWへの欲求であるが，概念形成機能の乏しさや現実吟味の弱さとも解釈できる。	

（7）反応の反復（Repetition）

　同一または同種類の反応が繰り返し反復して反応として出現するものである。ブロットの特徴をある程度生かしているものから，全く自動的に反応が出されるものまで幅広い。心理学的意味については，反復のあり方によって差があるが，いずれも想像力，創造性の不足の反映であると考えられる。

表4-16　Repetition

⑩ repetition tendency 繰り返し傾向	後述の preoccupation や perseveration のいずれにもスコアされないような程度の反復，またはその両者の移行型のようなもの。反応内容の反復だけでなく，ブロットの似たような部分ばかりを選ぶ場合や，同一の細部に固着してそこに多くの反応を出す場合もある。
⑪ perseveration 固執	3枚以上のカードにおいて，初めの反応を除き刺激の形態を無視して同様な反応が継起する場合。当然，後続の2個以上は形態水準はマイナスとなる。器質疾患をもつクライエントに特徴的といえるが，統合失調症などのステレオタイプな思考様式などからも生じる。automatic phrases とともに，自閉スペクトラム症にも見出される。
⑫ automatic phrase 決まり文句	決まり文句を全図版の半数以上に与えられた場合。	「このカードは左右対称ですね」「（多くのカードで）これは何だろうね」「これもやはり〇〇ですね」
	精神病圏のステレオタイプな思考様式による場合もあるが，神経症圏のこだわりによることもあり，性格特性や無意識的な意味を吟味する必要がある。

（8）恣意的思考（Arbitrary Thinking）

　思考の恣意性，または思考の過度の自由性である。それは必ずしも反応の質の良否を前提とするものではなく，注目すべき点は，反応を産出する際の個人的な確信度である。つまり，適度な解釈意識（Deutungsbewußtsein）により，現実吟味が若干崩れかかっていることをあらわしている。想像力自体の衰退は少ない。①想像力の保持，②現実吟味にそれほどひどい崩れはない，③自閉的とまではいえなくとも，恣意的確信性をもつ，という点から，妄想型をとりやすい素地を示すと考えられる。

表 4-17　Arbitrary Thinking

(80) arbitrary combination 恣意的な結合	刺激特徴の結合あるいは解釈を示す反応で，やや奇妙でほとんどありそうにないけれども，起こりうるだろうと想像上では思わせ，かつ納得させる力をもっている場合。次の二種類がある。 ①色彩とブロットの形の combination：Klopfer の強制色彩反応（forced color）に相当する。 ②それぞれ独立したブロット間の combination。	「壁にかけてあるクマの頭，狩猟小屋のように，その上に長靴が投げかけてある（Ⅳ）」
	心理学的意味としては，積極的 W への要求と知性化が中心であるが，背後に大胆なる fabulization があるとして，一応，現実吟味について疑問をもってみるべきである。	
(81) rationalization 無理な合理化	基礎的形態が不適切（F-）であるために，合理化して解釈しようとした際に示される。反応の基礎的知覚が無理なブロットで，それに対するこじつけを知的概念化で補う意図がある。 本スコアには combination の反応（(53)(66)(80)(81)(92)）は該当しない。	「耳をピンで後にとめたウサギ」（Ⅰ，D_5）：ウサギという概念を発展させるに必要な耳に似た部分がブロットにないため，それを代償しようとして「ピンでとめた」と合理化がなされている。 「そりかえっている人間（Ⅴ，逆位置，d_2）」（Ⅴ，逆位置，d_2）：全人間像を示さないので F- である。同一場所での「人間の下半身」は，基礎的知覚 F+ であって合理化ではない。
(82) arbitrary discrimination 差異に対する恣意的意味づけ	対称的な二つのブロットに対し，恣意的に異なった意味づけをする場合。	「こっちが男性で，こっちが女性（Ⅲ）」 「こっちがクマで，こっちがトラ（Ⅷ）」
	恣意的な観念優位の傾向が考えられる。これは妄想性障害にあらわれやすいものだと思われるが，作話傾向の強い強迫性障害のクライエントでも時に認められる。	
(83) figure-background fusion 図と地の融合	像（図）となる部分と通常はその背景（地）となるべき近接の部分がともにその形態の特徴において，一つの概念の中に取り入れられて使用される場合。	「顔，正面向いている。これ角，これが眼（上部の小さな空間），これ鼻（中央の空間）（Ⅱ，WS）」
(84) arbitrary response 恣意的なブロットの使用	容易に認められるゲシュタルトをつくれない領域を用い，極端に恣意的に反応をつくり出す場合。 ①ブロットを自己の描くイメージに合わせて，恣意的に分割する。Dd（dr） ②ブロットに附加して恣意的に反応をつくる。その際，つけ加えられた部分がその反応形成において大きな役割をもっている点で，exactness limitation とは異なる。	「頭（D_4）で，尻尾（D_3）。エビ（Ⅱ）」「地球儀を上から見たところ，まるい感じ，ここに丸く線を引けば（Ⅷ，W）」 「猿がバラバラになって，一つずつ写っているみたい（Ⅷ，W）」
	③隣接していないいくつかの領域を自己のもつイメージに合わせ，恣意的にくっつけて反応をつくる。 ④反応内容の固有の形を故意に変形させてブロットの形に合わせようとするもの。definiteness の distorted type に比べ，はるかに恣意性が強い。	
	これらはブロットへの過度な忠実さの反映として時々観察されるが，多くは病的な距離の喪失の場合と考えられる。	

㉟ arbitrary belief 恣意的な断定	断定的に反応を肯定しようとする場合。 peculiar verbalization といえるものも含む。	「…ここら辺が濃くなり，ここら辺がうすくなり，まったく本物そっくりだと思います（Ⅳ）」 「イヌの中で最も高貴なイヌ」
㊗ overspecification 過度な特定化	反応内容を特定しすぎている場合。	「富士山（Ⅷ, D₃）」 「田中さん（入院患者）が羽織を着ている（Ⅹ, W）」
	精神病圏のクライエントでは図版との距離の喪失による妄想的解釈であるのに対し，神経症圏のクライエントでは作話的傾向に恣意的思考の加わった飛躍と解釈できる。	

（9）自閉的思考（Autistic Thinking）

　現実吟味の自我機能が崩壊し，解釈意識が変容した自閉的心性による反応群が総括される。論理の矛盾と非合理性，非現実的な知覚像や知覚視点の融合と混乱として出現する。

表4-18　Autistic Thinking

⑨ viewpoint fusion 視点の混乱・融合	知覚像をうる際の視点の混乱と融合がみられる場合。 ①内部と外部の融合（internal-external fusion）：Holt の概念であり，身体内部と身体外部とが同一平面上に共存する場合。 ②視点の fusion：たとえば横から見た像と上から見た像が融合されているかのように，異なった視点からとらえられた像が同一平面上に融合されて一つの反応として知覚される場合。	
⑨ content-symbol fusion 反応内容と象徴的意味の融合	content-symbol combination では，形態による反応内容と象徴による反応内容とがともに別々に意識されていたのに対し，ここではその両者が意識され，分化される前の段階で融合されている場合。content-symbol contamination とスコアした方が良いとさえ思われるようなものである。	「革命の島」（Rapaport）において，島が形態から，革命は色（赤）からの象徴と考える場合。
⑨ fabulized combination 作話的結合	他の種々の combination に対して，出された反応の非現実性によって区別する。 "少しおかしいなあ"，"そんなことないよね" 等と自己批判が入る場合や "おとぎ話ならあるけど" と非現実を意識している場合は，現実吟味の能力を未だ失ってはいないため，解釈段階で考慮することが必要である。また，自閉スペクトラム症では，プロットに忠実であろうとするがゆえに，奇妙な結合になってしまう場合もある。	「ヘビのような頭をして，羽をもった怪物が尻尾にランプを下げている（Ⅵ, W）」
⑨ confabulation 作話反応	プロットの一部での反応内容をもって，全体反応とする場合。DW や DdD に相当する。	「ここが，ハサミだから，カニ（Ⅲ, DW）」 「（全体で）鳥です。（なぜ？）ここが鳥だから（一部をさす）」
	autistic logic に近いものとして考えられてきたが，子どもや神経発達症群にもよくみられる。	

㉛ contamination 混交反応	同一ブロットの領域で二つの概念が融合されている場合。	「二人の人間がローソクを捧げている（d₁）。…寺のようにも見える（d₁）。おそらく教会のベルを鳴らしているのでしょう（Ⅱ, W）」（Rapaport）
	統合失調症スペクトラム障害に多いものであり，病理が重いスコアである。fabulized combination に比して出現が少ないのは，この反応にはある積極的な概念形成作用をもっていることと，概念の融合という二つの面をともに必要とするためであろう。	
㉜ contradiction 論理的矛盾	反応に伴う修飾およびその合理化の全過程において，その思考過程に論理的矛盾があるものが検証されずに放置され，それを平気で述べている場合。	「これは綺麗だ。これは毛皮の感じがする。だからゴリラだ。こわいもの……コウモリ，ゴリラ，吸血コウモリ，南京虫（Ⅳ）」
	affective ambivalency の場合は，hesitation を伴った神経症圏レベルの機制であるのに対し，本スコアは自閉的な，ことに統合失調症的な両価性（ambivalency）（Bleuler）と考えうる。	
㉝ deterioration color 不適切な色彩反応	現実性を無視した，すなわち現実に適応させようという合理化のなされない色彩の使用の仕方で反応している場合や，白黒カードに対して不適切な色彩を与える場合（projection of color）。	「華やかな色彩のチョウチョ（V）」「この赤い色，この人の悪意が漏れ出てしまっている（Ⅲ, D₂）」「血を示しているようだ。……赤い血，青い血，……ピンクの血（Ⅷ, W）」
	自我機能がうまく働かず，一次過程が表面化した在り方を示していて，統合失調症の重要なサインとして考えられる。色彩にあらわれた contradiction といえよう。	
㉞ autistic logic 自閉的論理	反応そのものの奇妙さというよりは，むしろ出された反応に対する説明が個人的，自閉的である場合。 ① adhelevel of abstraction：質疑に対して，抽象レベルに関して同じレベルでの答えで説明されるもの。 ② incontiguity between percept and explanation：知覚像に対する主要でない要因で説明されるもの。 ③ destruction of knowledge system：被検者の学歴，文化的背景，年齢からみて当然知っているべき知識体系がこわれ，客観的事実ではない知識体系で答えがなされる。 ④ law of participation：Werner によれば「similar なものを same にする思考」と述べられている。自閉的思考, non-aristotelian logic（三段論法的論理ではないもの）と考えられる。 ⑤ autistic symbolism：conventional な象徴反応でなく，自閉的，特異な象徴反応である。 ⑥ position response 使用されたブロットがその図版の中での位置関係から反応が出されるものである。	「腰の骨。(?) 形が似ている。(形が似ているとは?) 骨の形をしている」「空気。(?) 色が美しいから（Ⅷ, W）」「これ北極。(?) 上にあるから」

（10）個人的体験の引用・自我境界の障害
（Personal Response & Ego-Boundary Disturbance）

　個人的体験を合理化に利用するものから，現実吟味の障害や自我境界の明白な障害としてあらわれるような妄想的な自己関係づけに至るものまで，レベルはさまざまである。

表4-19　Personal Response & Ego-Boundary Disturbance

⑩ personal experience 自己の個人的経験の表出	反応産出の前，中途，後に個人的体験が表出される場合。「個人の体験によれば」という意図を顕在的，潜在的にもち，その限りでは自我強化の機制と同時に逃避的合理化の機制の混合が推測される。機制の強さにおいて次の二つに分けられる。 ① personal remembrance（自己体験の想起） ② personal rationalization（自己体験を用いた合理化）	「会社にそれがあります。それを使って仕事をやっています」（①） 「私が会社にいたとき，これを使ったので，それに似ているから」（②）
⑩ utilization for illustration 個人的経験や知識の例示	personal experience と類似しているが，"〜のような"と例示することで，反応を相手に明確に伝えるために個人的経験や知識を用いている場合。	「あかずきんちゃんの絵本に出てくるようなちょっと可愛らしいオオカミです」
⑩ personal belief 自己の主題や動機による説明	反応産出の発想を自己の主題や動機に帰属させる場合。	「ジャイアンツのマークに似ている。ジャイアンツのファンなので（I，W）」 「肉の塊〈どうして？〉私が，今，お腹が減っているから（Ⅶ，W）」
	弁明レベルのものもあるが，さらに自己関係づけの強いものもあり，personal experience や utilization for illustration と比較して現実吟味力は落ちる。	
⑩ delusional belief 妄想的確信	自我境界が曖昧で，図版との距離がかなり近くなり，妄想的な知覚として反応している場合	「大男，私に向かって襲いかかってくる（Ⅳ，W）」 「これは，○○説を証明するために作られたものだ（Ⅷ，W）」

（11）言語表現の特異性（Verbal Strangeness）

　言語表現の特異性ではあるが，反応内容の質の良否や合理化，論理のあり方とはあまり関係のない単なる言語表現の粗雑さという点でとらえたものである。

表4-20　Verbal Strangeness

⑩ verbal slip 言い間違い	単語の使用が間違っている場合。ただし，その単語を使用した直後に自発的に訂正するものは除く。少しでも気づかない時間があるもの，たとえば，質疑で気づいたり，検査者の刺激によって気づいたりする場合，あるいは，訂正はできなくとも，被検者の学歴，知能，年齢，文化的背景による知識体系から考えて，ある程度許しうると思われるものを含む。言語発達の途上にあって，言語体系の未熟な子どもの反応にはよくある。	「コウモリの角」「ここにサルの手が四本ある（Ⅲ）」

---

⑪ amnestic word finding 言葉の忘却	単語を想起できず, かつ, そのことを意識している場合。 過度の対人緊張により想像の自由性を欠いている, 記憶力障害がある, 「どうでもよい」としてあまり考えようとしない, 生活視野が狭い, などが想定される。	「大きな花。よく開店祝いに贈る花があるでしょう？　あれ, なんだったかな？（Ⅸ）」 「偉い人が胸につけているやつに似ている。キラキラした, 何というんだっけ？（X）」
	過度の対人緊張, 記憶力障害, 内閉的であまり吟味しようとしない態度, 生活経験の狭さなどが考えられる。	
⑫ indifference for verbalization 不適切な言語使用	言語表現の稚拙さ, 無頓着さからくる不適切な言語表現があり, 連想過程の弛緩（looseness）が介在する場合。 ① inappropriate vocabulary（不適切な単語の使用）：ある単語が verbal slip 以上に不適切さの強いもの。 ② agrammatism（失文法・文法上の不適切さ）：とくに助詞, 助動詞, 接続詞等の不適切な使用。 ③ pathologically unfinished sentence（未完成な文章）：文章が途中でとまり, 言わんとすることも不明になるもの。自信のなさ, さらには自閉的無関心を感じさせることがある。 ④ excessive use of pronoun（代名詞の多用）：代名詞の使用自体は奇異なものではないが, その使用が多くて, 意志疎通を欠く可能性のある場合。この際, 被検者は検査者が了解しているものという自閉的確信があるかのように代名詞を多用する。 ⑤ inductive perception（誘導的知覚）：全身体像を知覚しているように思えるのに, 「人間」「動物」というように全身体的に述べられない場合。抽象的機能の障害をもつ自閉的コミュニケーションが考えられる。 ⑥ others（その他）：①～⑤にあてはまらない言語表現の不適切さ。

（12）連想弛緩（Association Looseness）

　反応や質疑とは全く関係のない発言（irrelevant association）や, 図版から離れて連想があふれだす状態となり多弁になったり話題が逸脱していく傾向をもつもの（association looseness, flight of idea）を示すもの。現実吟味力の低下が考えられ, 精神病圏に散見される。

表 4-21　Association Looseness

⑫ association looseness 連想弛緩	「今日は, 何曜日でしたかね？」 「リンゴが木から落ちる。サルも木から落ちる。星も落ちる。チルチルミチル。青い鳥を……（Ⅷ, W）」

（13）不適切な言動（Inappropriate Behavior）

　検査施行中における被検者の行動（しぐさ）を観察によってとらえたものをスコアする。図版処理の方法, 検査や検査者に対する感情等が行動や言語で表出されたものが含まれる。ここでいう不適切さとは, ロールシャッハ行動とは無関係の言動という意味であり, 必ずしも病理の深さを意味するものではない。たとえばユニークな認知の仕方, 対人的なコミュニケーションへの意欲, 対人的な不信感, 意欲の減退などが考えられる。

表 4-22　Inappropriate Behavior

⑱ inappropriate behavior 不適切な言動	(a) 出された反応と図版の向きが逆の場合。たとえば，カードⅧの逆位置で「動物が山に登っていく」など。 (b) 図版のある部分をそこから受ける情緒的反応のために隠そうとする場合。 (c) 除外する意図をもって図版のある部分を手で隠す場合。 (d) 人間部分反応等において，反応語の後に，さらに「ここです」と自分の身体部分を指摘する場合。 (e) 運動反応において，反応に伴う運動を自らジェスチャーで示す場合。 (f) 検査を受けることへの強い猜疑心や反抗的言動。「このテストで何がわかるっていうんですか？」 (g) Edging（図版を水平にして見る）や図版の裏を見るなど。 (h) 図版を斜めに持つなど，一般的ではない図版の回転の仕方。 (i) トイレなどでの退出要求や，「疲れた」ので止めたいなどという意欲減退や拒否感が感じられるもの。 子どもでは (d) (e) 等がよくみられる。神経発達症群やその他の臨床例でも (a) (c) (g) (h) 等がよくみられる。

(14) 整理の方法

①思考・言語カテゴリーは，反応のみでなく，それ以外の言動すべてを含めてスコアリングの対象とすることが，他のカテゴリーと大きく異なる。したがって，他の基本カテゴリーや感情カテゴリーは，一つ一つの反応に何らかのスコアがつけられるが，思考・言語カテゴリーは個別の反応に該当スコアが見られないこともあり，一方で複数のスコアが生じることもある。また，反応以外の発言等（付加反応も含める）にスコアすることもある。

②スコアリングを終えたら，そのプロトコル内でどのサブカテゴリーが相対的に多く出現しているかをみる。各サブカテゴリーが特定の臨床群などに対応しているわけではないので，複数のサブカテゴリーの組み合わせで考えるとよい。たとえば，人格障害圏では (5) Fabulization と (8) Arbitrary が主を占めること，統合失調症スペクトラム障害では (6) Associative Debilitation に加えて，慢性であれば (1) Constrictive，比較的活発な場合は (9) Autistic が多くなる傾向が示されている。神経症圏であれば (3) Defensive や (4) Obsessive が増える。臨床群でなくても一般に (5) Fabulization と (3) Defensive は多く出現するので，それが少ない場合には特徴としてとらえることも必要となるだろう。（注：ここではサブカテゴリー名称は省略系で記述している。以下も同様。）

③さらに，個々のスコアで頻繁に出現するものに注目して，その被検者の特徴をとらえることも重要である。

④植元（1974）は，ロールシャッハ図版を示され，検査教示を受けた被検者は，答えよう（または答えたい）とする「基本的要求（need for responding）」をもつことになり，それは「対外的には是認されたいという要求，精神内界においては満足すべき創造（反応）をなしたいという満足感への要求」だと述べている。この基本的要求のあり方の変化や葛藤などにより，いろいろな反応態度が生じ，本カテゴリーやスコアにあらわれてくる特徴について，植元の指摘を以下に要約す

る。思考・言語カテゴリーに該当する用語には番号を付している。

(a) 基本的要求の源泉である反応する事への要求に減退があるときには，(9) Autistic，(1) Constrictive や，時には (6) Associative Debilitation がおこる。そして説明においては (9) Autistic がおこってこよう。

(b) 一般に被検者には，提示された図版は現実そのものではなく，単なる曖昧刺激にすぎず，ただそれを意味づける事のみが求められているのだという意識，すなわち Deutungsbewußtseins（Loosli-usteri, Bohm）が当然ある。これが変容，障害されたときは，自己と図版との距離がなくなり，(10) Personal Response & Ego-Boundary Disturbance としてあらわれるに違いない。一方，反対にその意識が高まりすぎるときは，過度な自己意識につながる (3) Defensive がおこるであろう。

(c) 基本的要求が高まりすぎて，その際に知的，感情的能力が伴わない場合には，却ってその要求が圧力となり，自我機能の萎縮を招く。極端な場合には，(1) Constrictive となり，やや克服したところに (3) Defensive があり，同時に基本的要求が細事拘泥という形をとった場合には (4) Obsessive の傾向としてあらわれるであろうし，ことに知的レベル（知能と同一でない）での能力の乏しさが加わったときには (6) Associative Debilitation の型をとるであろう。

(d) 図版刺激の特徴に忠実であろうとする要求は ㊓ fabulized combination を頂点とする現象をおこす。

(e) 現実の像に過度に忠実であろうという要求からは，カード刺激の形態を恣意的，自閉的に変形させる ㊙ arbitrary response がおこってくる。

(f) 知覚されるものを，すべてのべようとする要求からは，(4) Obsessive のあるタイプが，そしてそれと結合反応につながる relationship verbalization（blot relation, overdue relationship verbalization や色々な combination のあり方（fabulized-, arbitrary-, loose-combination, arbitrary linkage, secondary addition）がおこり，あらゆる観念を述べようとするときには量への野心がおこり，その際概念間に混合，融合があるときには ㊔ contamination の傾向がおこってくる。

(g) 刺激の曖昧さより受ける感情的体験を克服して，ある概念，具体的内容を出したいという要求の強さからは fabulization の機能や種々のショック現象，それの変形，すなわち (2) Abstraction がおこるであろう。

(h) 説明を求められた際に，検査者および自己を納得せしめようとする要求からは，病的な合理化，すなわち恣意的，自閉的な思考が生じてくる。

5 章　記録の整理と記録用紙への記載

　記録用紙については第Ⅰ部 2 章において，実施時のブランクシートの書き方および記録用紙の表紙の記載方法について説明した。ここでは，その他の部分の整理について解説する。

　反応とその分類記号化（スコアリング）については，最初にカードⅠからⅩまでのブランクシートの各項目欄にスコア結果を記載するのが原則である。次に記録用紙の「反応一覧表」にブランクシートのスコアを転記したうえで，集計したものを「スコア一覧」に記入し，さらに「形式分析」の各指標値を算出することになる。ただし，慣れてくれば，ブランクシートに記載せずに直接，記録用紙へのスコア結果の記載も可能である。

　具体的な記録用紙の書き方については第Ⅲ部 8 章の「2.　仮想事例の概要とロールシャッハ記録」を例として参照してほしい（pp. 146-149）。

1．反応一覧表

　反応一覧表（表 5-1：記録用紙 1 頁）の記入の仕方を説明する（p. 146 参照）。

図版
　図版ごとの初発反応の行に図版番号（例「Ⅰ」など）を記入する。初発反応の行のみに記入する。図版の区切りとなる行の下線は，区切りがわかるように実線にすると継列がわかりやすくなる。

時間
　各図版の初発反応の行に，初発反応時間を転記する。また図版ごとの終了時間は，その図版の最終反応の時間の欄に記入する（ただし，1 反応しかなかった場合には，初発と終了時間を同一欄に記入）。反応がなかった図版も終了時間は記入の必要がある（その場合は，「反応」欄に rejection などと記入する）。

位置
　各反応における図版の位置（position）を転記する。

反応
　産出された反応を転記し，スコアリングの理由がわかるように質疑での説明を（　）書きで簡潔に転記する。1 行に一つの反応を書く。表の左端に 5，10…と数字があり，反応数が把握しやすいようになっている。ブランクシートには逐語的な記録があり，ここでは簡潔に書けばよいが，なるべく被

表5-1　反応一覧表

図版	時間	位置	反応	領域・org	決定因	±	反応内容	P	感情	思考・言語

反応一覧表 — 1 —

本用紙の無断転載・複製・複写を禁じます。

検者の用いた言葉で記入する。

領域・org ／決定因／±／反応内容／P ／感情／思考・言語

　これらの各欄には，実施後にブランクシートに記載したスコアを転記する。思考・言語については，スコアの項目番号のみを記載する（p. 146）。

付加反応（Additional response）があった場合

　カードXの下部に区切り線をつけたうえで，Additional response であることがわかるようにして記入する。

2.　スコア一覧

　「スコア一覧」（記録用紙2頁：表5-2）には，反応一覧表の各項目から数をカウントして記入する。集計や算出の仕方については，3章，4章における各カテゴリーの「整理の方法」も参照のこと。なお，数値については，原則として小数点以下第1位までを記入すること（p. 147）。

総反応数（p. 36）

　産出された反応の総数を記入する。rejection や付加反応（additional）は，総反応数に入れないので，誤ってカウントしないように注意する。

反応領域（p. 38）

N　W, D, d, Dd の各反応領域の数を記入する。「Dd」は内訳の数を記入する。

％　各反応領域が総反応数のうちどの程度の割合であるかを算出して記入する。

$$（例）\ W（\%）= \frac{W\ 反応の総数}{R（総反応数）} \times 100$$

org　orgA と orgB の反応数を記入し，次のように割合を算出する。

$$（例）\ org\% = \frac{（orgA\ の総数 + orgB\ の総数）}{R（総反応数）} \times 100$$

S　S反応の数と内訳の数を記入する。

継起型（p. 39）

　図版ごとの反応領域の継起を記入する。たとえば，Ⅰ「WS, W, D」，Ⅱ「D, Dd, D」などと書く。以下の基準によって，systematic か unsystematic かを判断し，s／u のいずれかを○で囲む。

systematic　図版ごとの領域の継起が一定の方向にある場合，すなわち，全体反応から部分反応（W-D-Dd, W-D-D, W-d-Dd など），部分から全体反応（D-W, d-D-W, D-W-W など），全体反応－全体反応，部分反応－部分反応，一つだけの反応，の場合である。

unsystematic　上記以外の場合を unsystematic（D-W-d, W-d-D, W-D-W など）とする。下段の

表 5-2　スコア一覧

スコア一覧　　　　　－2－

総反応数

R	

反応領域

	N	%
W （W, DW）		
D		
d		
Dd		

(dr:　　,dd:　　,di:　　,de:　)

org % =　　　A:　　　B:

S:　　(e:　　,o:　　, i:　)

継起型

I		s / u
II		s / u
III		s / u
IV		s / u
V		s / u
VI		s / u
VII		s / u
VIII		s / u
IX		s / u
X		s / u
systematic 計		

いずれかに ✓	
rigid	10
orderly	7～9
loose	3～6
confused	0～2

反応決定因

	N	Sum
F		
M		
M'		
FM		
Fm		
mF		
m		
FV		
VF		
V		
FY		
YF		
Y		
FT		
TF		
T		
FC'		
C'F		
C'		
FC		
F/C		
CF		
C/F		
C		
Csym		

反応内容

		N	✓
A	（Animal）		
Ad	（detail）		
A/	（Strange A）		
Ad/	（Strange Ad）		
Aob	（Object）		
A'			
	計		
H	（Human）		
Hd	（Hde, Hdt を含む）		
H/	（Strange H）		
Hd/	（Strange Hd）		
H'			
Mask			
	計		
Bl	（Blood）		
X-ray			
Atb	（Bone At.）		
Atf	（Flesh At.）		
Dis	（Disease）		
Sex			
Anal			
Death			
Fd	（Food）		
Cg	（Clothing）		
Emb	（Emblem）		
Orn	（Ornaments）		
Stat	（Statue）		
Art			
Mu	（Music）		
Rec	（Recreation）		
Toy			
Imp	（Implement）		
Hh	（Household）		
Tr	（Transport）		
Sc	（Science）		
Voc	（Vocation）		
Rel	（Religion）		
Myt	（Mythology）		
Antq	（Antiquity）		
Anth	（Anthropology）		
Bot	（Botany）		
Flo	（Flower）		
Nat	（Nature）		
Cave			
Geo	（Geography）		
Lds	（Landscape）		
Fnt	（Fountain）		
Arch	（Architecture）		
War			
Exp	（Explosion）		
Fi	（Fire）		
Li	（Light）		
Sm	（Smoke）		
Cl	（Cloud）		
St	（Stain）		
Sign			
Abs	（Abstraction）		
Miscellaneous			
	Content Range		

感情カテゴリー

		N	%
Hostility （敵意感情）			%
Hor	（oral）		
Hdpr	（depreciatory）		
HH	（direct hostile）		
Hcmpt	（competitive）		
Hh	（indirect hostile）		
Hha	（indirect hostile-anxious）		
Hhat	（tension）		
Hhad	（distorted）		
Hsm	（sado-masochistic）		
Hden	（denial of hostility）		
Anxiety （不安感情）			%
Athr	（threatening）		
Acnph	（counterphobic）		
Aobs	（obsessive）		
Adef	（defensive）		
Aev	（evasive）		
Adif	（diffuse）		
Adis	（disgusting）		
Agl	（depressive gloomy）		
Abal	（unbalanced）		
Acon	（confusion）		
Asex	（sex of figures）		
Adeh	（dehumanization）		
Afant	（fantastic or weird）		
Bodily Preoccupation （身体的関心）			%
Bb	（bone）		
Bf	（flesh）		
Bn	（neural）		
Bs	（sexual anatomy）		
Bso	（sexual organs）		
Ban	（anal）		
Bdi	（disease）		
Bch	（childbirth）		
Total Unpleasant			%
Dependency （依存感情）			%
Df	（fetal）		
Dor	（oral）		
Dcl	（clinging）		
Dsec	（security）		
Dch	（childishly toned）		
Dlo	（longing）		
Drel	（religious）		
Daut	（authority）		
Dsub	（submissive）		
Positive Feeling （快的感情）			%
Por	（oral）		
Ps	（sensual）		
Pnar	（narcissistic）		
Pch	（childish）		
Prec	（recreation）		
Pnat	（nature）		
Porn	（ornaments）		
Pst	（striving）		
Pcpt	（co-operative）		
Pden	（denial of positive）		
Miscellaneous （その他）			%
Mor	（oral）		
Man	（anal）		
Msex	（sexual）		
Mpret	（pretentious）		
Mgrand	（grandiose）		
Mi	（indefinite）		
Affect Total			
Neutral （中性感情）			%

systematic 計に systematic の合計数を記入する。

systematic の合計数によって下記基準で 4 分類し，該当欄をチェックする。

rigid（厳格型）　：　systematic=10

orderly（通常型）：　systematic=7〜9

loose（弛緩型）　：　systematic=3〜6

confused（混乱型）：　systematic=0〜2

反応決定因（p.51）

N　各決定因の総数を記入する。

Sum　決定因の種類ごとの総数を記入する。たとえば，F はそのまま F の総数が Sum の数になる。人間運動反応の M は，擬人化された人間運動反応である M′ を加えた合計数を M の Sum 欄に記入する。Sum 欄には m であれば（Fm + mF + m）の合計を記入する。V，Y，T，C′ も同様である。また，FC と F/C，CF と C/F もそれぞれ合計して Sum 欄に記入する。

反応内容（p.57）

N　各反応内容の総数を記入する。

✓　反応内容が何種類出現したか（Content range）を数えるためのものである。該当項目に一つでも反応があれば，✓を記入。たとえば，最上部の A 〜 A′まではすべて動物関係の反応であり，この中に一つでも N が記入されていれば動物関係の反応があったということになる。同様に，H 〜 Mask は人間関係の反応，Bl 〜 Dis は身体関係の反応であり，複数の反応があっても反応の種類としては一つとカウントする。Bot と Flo も一種類と数えてカウントする。Sm と Cl も同様である。Content range 最下部には，✓の総数を記入する欄があり，何種類の反応があったかを把握することができる。

感情カテゴリー（p.67）

N　反応一覧表における各スコアの総数を記入し，各サブカテゴリーごとに集計する。

Total Unpleasant% = Hostility% + Anxiety% + Bodily Preoccupation%

Affect Total（感情総数）　N の欄には，6 つのカテゴリー（Hostility, Anxiety, Bodily Preoccupation, Dependency, Possitive Feeling, Miscellaneous）のスコア総数を記入する。

%　各感情カテゴリーが Affect total（感情総数）のうちどの程度の割合であるかを算出して記入する。

$$（例）Hostility（敵意感情）\% = \frac{Hostility\ の総数}{Affect\ Total（感情総数）} \times 100$$

$$Neutral（中性感情）\% = \frac{Neutral\ 反応の総数}{R（総反応数）} \times 100$$

総反応数のうち，感情の付加されていない中性反応が占める割合を示す。

思考・言語カテゴリー

記録用紙 4 頁に記入表がある。各スコアの合計数を（　　）の中に，反応一覧表からカウントして

表5-3　思考・言語カテゴリー

思考・言語カテゴリー

― 4 ―

(1) Constrictive Attitude　反応産出の困難さ・萎縮した態度　　N

⑩ rejection（　），⑪ card description（　），⑫ color description（　），⑬ symmetry remark（　），
⑭ contrast remark（　），⑮ color naming（　），⑯ encouraged response（　），⑰ oligophrenic detail response（　）

(2) Abstraction & Card Impression　抽象的な表現・カードの印象　　N

⑳ direct affective response（　），㉑ symbolic response（　），㉒ movement description（　）

(3) Defensive Attitude　防衛的な態度　　N

㉚ question sentence（　），㉛ negative sentence（　），㉜ apology（self-critic, object-critic）（　），
㉝ question for instruction（　），㉞ additional response（　），㉟ modified response（　），
㊱ changed response（　），㊲ demur（　），㊳ denial（　），㊴ secondary addition（　）

(4) Obsessive & Circumstuntial Response　強迫的な反応・些事にとらわれた反応　　N

㊵ exactness limitation（　），㊶ hesitation in decision（　），㊷ detail description（　），
㊸ obsessive discrimination（　）

(5) Fabulization Response　作話的反応　　N

㊿ affective elaboration（　），51 definiteness（　），52 affect ambivalency（　），
53 content-symbol combination（　），54 overdefiniteness（　），55 overelaboration（　）

(6) Associative Debilitation & Unstable State of Consciousness　連想の衰弱・不安定な意識状態　　N

60 apathy in decision（　），61 incapacity of explanation（　），62 perplexity（　），63 fluid（　），
64 forgotten（　），65 indifferentiation of responses（　），66 loose combination（　）

(7) Repetition　反応の反復　　N

70 repetition tendency（　），71 perseveration（　），72 automatic phrases（　）

(8) Arbitrary Thinking　恣意的思考　　N

80 arbitrary combination（　），81 rationalization（　），82 arbitrary discrimination（　），
83 figure-background fusion（　），84 arbitrary response（　），85 arbitrary belief（　），86 overspecification（　）

(9) Autistic Thinking　自閉的思考　　N

90 viewpoint fusion（　），91 content-symbol fusion（　），92 fabulized combination（　），93 confabulation（　），
94 contamination（　），95 contradiction（　），96 deterioration color（　），97 autistic logic（　）

(10) Personal Response & Ego-Boundary Disturbance　個人的体験の引用・自我境界の障害　　N

100 personal experience（　），101 utilization for illustration（　），102 personal belief（　），103 delusional belief（　）

(11) Verbal Strangeness　言語表現の特異性　　N

110 verbal slip（　），111 amnestic word finding（　），112 indifference for verbalization（　）

(12) Association Looseness　連想弛緩　　N

120（　）

(13) Inappropriate Behavior　不適切な言動　　N

130（　）

記入する。

　各サブカテゴリー名称の右「N」欄に，サブカテゴリーごとのスコアの数を合計して記入する。

3. 形式分析

　「形式分析」で用いる各指標については，記録用紙3頁（表5-4）に記載する。以下は，記録用紙の「反応一覧表」，「スコア一覧」，「思考・言語カテゴリー」の頁からの転記可能な項目も含まれている。集計や算出方法は，3章および4章も参照のこと。なお，数値は原則として小数点第1位まで記入すること。

知的機能の側面

　R　総反応数を記入する。

$$T/IR = \frac{10\,枚の初発反応時間の総和}{10}\,（秒）$$

$$T/ch = \frac{彩色図版（II，III，VIII，IX，X）の初発反応時間の総和}{5}\,（秒）$$

$$T/ach = \frac{無彩色図版（I，IV，V，VI，VII）の初発反応時間の総和}{5}\,（秒）$$

いずれも rejection カードがあった場合は，分母が変わることに注意する（p.37）。

　〈把握型〉　W：D：d：Dd　記録用紙2頁のスコア一覧から反応領域の各総数を転記する。下段には，各領域の総反応数に占める割合を記入する。

$$（例）W\% = \frac{W\,反応の総数}{R\,（総反応数）} \times 100$$

　W：(D)：d：$\underline{Dd}$ のように，多いものに下線をし，少ない場合には（　）でくくる。非常に強い傾向の場合には，二重線や《　》とする。

　S　Sの総数を記録用紙2頁のスコア一覧から転記する。

　継起型　記録用紙2頁の継起型において，systematic の合計数にもとづき「✓」を入れた型を記入する（例：rigid）。

$$F+\% = \frac{F+\,反応の総数}{F\,反応の総数} \times 100$$

表5-4　形式分析

形式分析

— 3 —

知的機能の側面	情意的側面	対人的側面
R = T/IR = T/ch（彩色）=　　　, T/ach（無彩色）= 〈把握型〉 W：D：d：Dd =　　：　　：　　： 　　　　　（%）=　　：　　：　　： S = 継起型= F+% = newF+% = R+% = P = Content Range = A% = W：M = M = (H+A)：(Hd+Ad) =	F% = F+% = newF+% = R+% = ΣC = $\dfrac{\text{VIII}+\text{IX}+\text{X}}{\text{R}}$ % = FC：(CF+C) = M：FM = M：(FM+m) = M：ΣC = (FM+m)：(T+C') = 感情カテゴリーの特徴	H% = M = P = T（FT, TF, T）= 自己像について： 家族関係について：

参考

Rejection =　　　Card： Tur% Additional response： 思考・言語カテゴリーの特徴：	FM =　　　m =　　　C' = V =　　　Y =　　　T = 感情カテゴリー： Neutral% =　　　　　, Total Unpleasant% = Hostility% =　　　　　, Anxiety% =　　　　　　　, Bodily Preoccupation% = Dependency% =　　　　　, Positive Feeling% = Miscellaneous% =

〈イメージ図版〉

MLC：

MDLC：

SIC：

FIC：

MIC：

$$newF+\% = \frac{（F＋反応の総数）＋（形態が一次反応のうち＋形態水準反応の総数）}{F および形態一次反応の総数} \times 100$$

形態一次反応とは，M，FM，Fm，FV，FT，FY・FC′，FC の各反応である。

$$R+\% = \frac{形態水準が＋であった反応数}{R（総反応数）} \times 100$$

P　平凡反応の総数を記入する。

Content Range　記録用紙 2 頁の Content Range から転記する。

$$A\% = \frac{反応一覧のうち動物関係（Animal）の反応内容がスコアされている反応の総数}{R（総反応数）} \times 100$$

W：M　記録用紙 2 頁からそれぞれ W，M の数を比として転記する。なお，比例式は各スコアの実数のままとする。

（H＋A）：（Hd＋Ad）　記録用紙 2 頁から各カテゴリーの総数を転記して比とする。なお，H，A，Hd，Ad にはそれぞれ非現実的反応（H/ など）や加工品反応（H′ など）も含まれることに注意する。

情意的側面

$$F\% = \frac{決定因が F である反応総数}{R（総反応数）} \times 100$$

F＋%，newF＋%，R＋%　知的機能の側面から転記する。

$$\Sigma C = \frac{《FC＋（2 \times CF）＋（3 \times C）》}{R（総反応数）}$$

$$\frac{VIII＋IX＋X}{R}\% = \frac{カード VIII，IX，X の反応数の和}{R（総反応数）} \times 100$$

FC：（CF＋C）　FC 反応の合計：CF 反応と C 反応の合計を記入する。

M：FM　記録用紙 2 頁のスコア一覧から M と FM の反応数を比として転記する。

M：（FM＋m）　記録用紙 2 頁のスコア一覧から M と（FM＋m）の反応数を比として転記する。この場合 m には m，Fm，mF すべて含まれることに注意する。

M：ΣC　記録用紙 2 頁の M の反応数と ΣC の値を比で記入する。

（FM＋m）：（T＋C′）　（FM＋m）の反応数と（T＋C′）の反応数を比で記入する。この場合 m，

T，C′はいずれも，上記の m 同様に，FT，TF，T，FC′，C′F，C′ すべてを含んでいることに注意する。

感情カテゴリーの特徴　感情カテゴリーにおける特徴について記載する（例：不安・敵意感情が高い，など）。

対人的側面

$$H\% = \frac{\text{Human 関係の反応総数}}{\text{R（総反応数）}} \times 100$$

M　記録用紙 2 頁のスコア一覧から転記する。

P　知的側面の P を転記する。

T（FT, TF, T）　記録用紙 2 頁のスコア一覧から転記する。

自己像について　イメージ図版における特徴などを記載する（例：Ⅰ，暗いイメージ，嫌いだから）。

家族関係について　イメージ図版における特徴などを記載する（例：父親 Ⅳ，強くて大きいから）。

参　考

Rejection　反応拒否のあった図版の枚数を記入し，「Card」のところに，拒否図版の番号を記入する。

Tur%　記録用紙 1 頁の反応一覧表から，図版の「位置」を確認する。

$$\frac{\text{回転して算出された反応総数}}{\text{R（総反応数）}} \times 100$$

Additional response　反応一覧表から Additional response について図版番号と内容を転記する。

思考・言語カテゴリーの特徴　思考・言語カテゴリーにおける特徴（主なサブカテゴリー等）を記載する。

FM, m, C′, V, Y, T　いずれも，記録用紙 2 頁から各決定因の反応総数を記入する。なお，m =（Fm＋mF＋m），C′＝（FC′＋C′F＋C′），V＝（FV＋VF＋V），Y＝（FY＋YF＋Y），T＝（FT＋TF＋T）であることに注意する。

感情カテゴリー　各サブカテゴリーの割合を記録用紙 2 頁から転記する。

イメージ図版

10 枚の検査実施後に，イメージ・カード選択を実施した場合，その内容を記載する。

MLC（Most Liked Card）　最も好きな図版の番号と理由を記入する。

MDLC（Most Disliked Card）　最も嫌いな図版の番号と理由を記入する。

SIC（Self Image Card）　自己イメージ図版の番号と理由を記入する。

FIC（Father Image Card）　父親イメージ図版の番号と理由を記入する。

MIC（Mather Image Card）　母親イメージ図版の番号と理由を記入する。

　これ以外に，夫婦であれば伴侶イメージ，子どもがいれば子どもイメージ，祖父母イメージなど，事例によって他の質問をしていることがあれば，適宜記録しておく。

第III部
分析と解釈

　第I部と第II部まで名大法の実施方法，分類記号化（スコアリング）と指標の算出，記録用紙の記載について解説をしてきた。第III部では，それら分類記号や指標の心理学的意味を解説したうえで，被検査者のパーソナリティを理解し，支援方針に反映するための分析と解釈の視点について述べる。

　ロールシャッハ法は，量的アプローチ（形式分析）と質的アプローチ（継列分析）の双方からの多面的な分析が可能である。それらの分析方法を説明した後，8章では具体例を示した。「仮想事例」を用いて，分析結果とそれにもとづく総合解釈，所見とフィードバックまでを示すことで，実践活動に対する理解を深めることを目的とする。

　なお，「仮想事例」については，スコアリングの練習問題として活用することも可能である。

6章　基本スコアと指標の心理学的意味づけ

　第Ⅱ部では反応の分類記号化（スコアリング）とその記録用紙への記載方法について述べたが，本章では，そこで得られた各分類記号（スコア）の心理学的意味づけを説明する。形式分析（量的分析）を行ううえで重要なポイントになるが，いずれのスコアも単に多い／少ないから良いと言えるわけではない。複数の結果を関連づけながら，分析・解釈へと進んでいくことが肝要である。

1. 反応数・初発反応時間など

総反応数（R）

　反応数は生産性の能力を示す。知的な人ほど一般により生産的である。Kolpfer, B. は成人の平均反応数を 20〜45 の範囲としているが，日本人の場合は 20〜30 程度と考えてよい。反応数が多いのは，豊かな生産性を示すであろうが，量に対する強迫的な欲求や，高い緊張に伴われた目標達成の欲求を示すこともある。一方，防衛的で抑制的であったり，抑うつ的であったり，観念活動が不活発であれば R は減少する。

反応拒否（Rej）

　通常は Rej は生じないのが一般的である。統覚の困難，色彩などによるショック，観念内容の極度の狭まり，検査への抵抗，防衛的・萎縮的態度などが理由として考えられる。何も見えていないのか（failure），見えていても言わないのか（rejection）を確かめる必要がある。また，どの図版でRej となったのかにも目を向け，その図版の特性を考えて解釈の手がかりを得ることができる。

付加反応（Add）

　付加反応は反応拒否と同様に防衛的・萎縮的態度の反映と考えられるが，実際の事例によっては，反応と同じような意味合いをもって解釈する場合もある。

初発反応時間（T/IR）

　初発反応時間は通常 30 秒以内である。速い反応時間は知的な機敏性を示すものと思われるが，軽躁状態などの抑制の欠けた状態でも T/IR は速くなる。反応時間が遅いのは，知的機能の問題や情緒的抑制，または防衛的な態度などによるものかもしれない。T/ch と T/ach との違いによって，情緒面での問題を見つけられる。つまり，T/ch が非常に遅いときには 'color shock' の存在を，また，T/ach が大であれば，'shading shock' の存在を疑ってみる必要がある。とくに遅延した図版が

あれば，その図版の特性と関連させて検討していくことが必要である。

図版の回転（Tur）

図版の回転は問題を多面的に眺められる柔軟性，あるいは自発性などを示すものであろう。図版の回転がみられない場合には，①服従的・依存的な傾向，②自由性や創造性が乏しく，硬い人柄などが考えられるかもしれない。

2. 反応領域（Location）

反応領域（図版のどこを用いて反応が産出されたのか）は，被検者の課題への対処方法を示している。

全体反応（W）

質のよい W 反応は論理的，抽象的，総合的な知的能力や思考形式を示す。W の強調は目標達成の欲求や，能力以上の高い野心を示す。ただし，漠然とした W（vagueW）の場合は，受動的な知覚態度や不安の反映である。Klopfer, B. は W% について成人では 20～30% としているが，日本人ではおよそ 40～50% とされている。

・切断全体反応（W̸）

　知的批判性を示す。強調されれば過度の批判性，完全癖などの強迫傾向を示す。

・作話反応（DW）

　現実知覚の弱さ，論理的飛躍，あやまった一般化の傾向などを示す。臨床群に多くみられる。

部分反応（D）

実際的，具体的，日常的，常識的な能力を示す。D が少ないとき，具体的な問題からの逃避を示す場合がある。

小部分反応（d）

知的な細心さ，細密性への要求を示す。

特殊部分反応（Dd）

外界に対する一般的でない把握様式を示す。独断的または，恣意的思考態度や，時には完全癖とも解しうる。

・稀少反応（dr）

　よい形態水準のものであれば，独創力，知覚力の可塑性を示すが，形態水準が低ければ，独断的な傾向を示す場合もある。

・微小反応（dd）

　強迫的な細事に拘泥する傾向，過敏性を示す。

・内部反応（di）

　形態水準が高いときは，対人関係に過敏で不安をもちやすい人を示すであろうが，形態水準が低

い場合は妄想的な傾向を示し，現実適応における問題が示唆される。

- **外縁反応（de）**

  問題の核心に迫ることをさける，不安の強い人にみられる。

間隙反応（S）

なんらかの反抗的傾向を示唆するものであり，普通は看過されている物事や立場を発見しようとする意図をもち，批判的な知的態度を反映する。

- **反転 S（so）**

  知的な反対傾向，拒絶性や頑固さ，すなわち「あまのじゃく」や「ひねくれた」傾向を示す。

- **付加的 S（se）**

  知的な弾力性や融通性を示す。

- **空白の S（si）**

  不安定感や不全感を示す。

結合反応（org）

種々の部分の間の関係を知覚する態度，すなわち複雑な関係事態を把握し，統合する能力の反映である。

- **orgA**

  知覚態度として受動的ということであり，分析的な見方のできにくさをあらわす。

- **orgB**

  問題を分析的に眺め部分を関係づけ，それを理論的に統合する知的能力の高さをあらわす。また積極的な目標達成への欲求をも示すかもしれない。しかし形態水準が低い場合には，恣意的あるいは自閉的な論理思考様式を示す場合もある。

把握型（Approach）

反応領域間の比率は，各スコアを総反応数で割り算出する。被検者の問題解決の方法を反映するものと考えられ，p. 99 で述べた W, D, d, Dd の意味をもとに解釈する。名大法標準化時（1960 年代）の各領域の比率の平均値は，次のとおりである。現代では W ％がやや高率となっている。

W％　41％　　　D％　49％　　　d％　5〜6％　　　Dd％　4〜5％

継起型（Sequence）

systematic となる図版が多く，弛緩（loose）型や混乱（confused）型となる場合は，人や事物に対する視点が一定しない，課題への取り組み方が一貫しない，等の傾向が示唆される。一方で，総反応数が少なければ厳格（rigid）型や通常（orderly）型になりやすいため，機械的に判断することは望ましくない。

3. 決定因（Determinant）

　決定因は,「どうしてそう見えたのか?」に対する被検者の説明から判断され, 課題や刺激への感受性を示している。

形態反応（F）

　形態反応については, F％という形でとりあげられることが多い。成人のF％は40〜60％の範囲である。F％の高い場合は, ブロットの形態特性に強い関心をもっているとも, またブロットの形態以外の特性に対して感受性を示していないともいえる。すなわち, このような人たちは, 個性に乏しい事実的方法で事態を取り扱う観察者であり, そのため行動様式は状況中心的であり, 外界からの制限に従属しやすく, 情緒的な自由性や創造的な生産性を失いやすい。一方, F％の低い場合は内的情緒的豊かさの反映であるが, F％が極度に低い場合は, 外界に対し客観的な態度をとりえず, 過度に主観的で個性的な態度をとる傾向や情緒の不安定さをあらわす。

人間運動反応（M）

　成人の場合2〜5個の範囲である。人間を知覚し, それがどのように行動しているのかを想像する能力を反映し, 次のようなことをあらわすと考えられる。①想像力と創造性, ②感情移入の能力（共感性）, ③よく構成された価値体系, ④自己受容的で内的安定性をもち自己実現する能力, ⑤欲求の満足を延期し自己をコントロールする能力, ⑥洞察的な内省と自己分析の能力。

　M−（Mマイナス）は, その人の想像力が現実からかけはなれた働きをしていることを示すもので, 観念世界の歪み, 空想性, ひいては自閉的な思考をあらわすことにもなる。

動物運動反応（FM）

　未成熟な心的態度をあらわしており, 子どもに多い。自己抑制の欠けている状態において, 行動にあらわしやすい傾向を示す。FMを多く示す成人は, 事態の解決へ向う直接的衝動的な強い欲求をもつが, その欲求は知的にも情緒的にも未熟で, 社会的規範への考慮が乏しい。つまり, 内省や言語化を伴わずに行動化に向かう傾向ともいえる。そのために他人との協調が十分できず, 欲求不満を起こしやすいであろう。なお, 後述するようにMとの関連（M：FM）において, みていくことが必要である。

無生物運動反応（Fm・mF・m）

　不安を伴う心の内部の緊張や葛藤を示す。被検者が非常に望んでいながら, 外的条件のために, あるいは能力の点で, その目標の実現が困難な状態にあるときに出現しやすい。とくに, 「原子爆弾の爆発」「血が飛び散っている」というような内容をもつときは, 自我に是認されない未成熟な, 衝動的な欲求の存在を示すとも考えられる。

通景反応（FV・VF・V）

　客観的な関係, 距離, 深さを評定する能力をあらわす。すなわち, 自己と他のものとの間の心理的

距離に敏感で，問題を自分からはなして冷静にながめ，客観的に評価しようとの傾向を示す。したがって一方では他人や外界における危険の可能性への敏感さを示し，他方，内省的態度や自己評価の欲求ともなる。V反応が多すぎると自分を過度に反省・評価し，自分への関心が強すぎ，不確実感・無力感をひきおこし，劣等感となりやすい。

明暗反応（FY・YF・Y）

顕在的またはそれに近い意識層での不安を示す。広い意味では情緒的不安感の反映である。不安を感じながら，この不安に対して防衛を確立することができないか，その防衛の効果が示されない状態が考えられる。

材質反応（FT・TF・T）

是認欲求や依存的接触（愛情）欲求を反映する。T反応を産出するには，かなり分化した敏感な感受性と内省力や表現力が必要である。この反応が過度に多いのは，著しく他人に依存したり，他人のことをひどく気にかける受動的な人であることが多い。

黒白反応（FC′・C′F・C′）

一般に，抑うつ気分を反映する。臨床的には，外傷体験に関連し，意識的な抑うつ気分を示す場合もある。行動的には多く受動的となる。なお，色彩反応が十分なプロトコルでのこの種の反応の出現は，外部環境での感受性の強さを意味する。

色彩反応（FC, CF, C, F/C, C/F, Csym）

色彩反応は，環境からの情緒的刺激に反応するそのあり方をあらわし，また，情動性の表出の程度を示すものである。

・FC

直面した刺激事態から誘発された感情や欲求を，社会的枠組みに照らして，適度に表現する行動様式を示す。換言すれば，社会的に受容される情動の表出の仕方で，情緒的統制のとれた反応と考えられている。

・CF

社会的場面の現実的要求に対し，やや統制力を欠いてはいるが，適切な情緒反応を示す。よい面としては，自発性をあらわし，情緒反応を率直に示すことをあらわす。望ましくない面としては，情緒反応の統制の不十分さを示す。

・C

情緒的統制の弱さまたは欠如を意味するもので，衝動性・情緒の爆発性を示すものである。幼児や臨床群に多くみられる。

・F/C, C/F

自分の反応を現実と真に適合させることなしに，また，自分の感情に本質的な関係をもっていないような，表面的な，機械的な仕方で，その場かぎりの情緒的な反応をすることを意味する。恣意的な合理化，世界の支配化である。F/CとC/Fとの差は情緒的統制の程度にある。

・Csym

情緒刺激に強く動かされながら，それを外面的には統制し，知的あるいは芸術的な仕方で外面的統制をしようとしていることを示す。

活動水準（Activity level）

Rorschach, H. は M 反応に影響する運動感覚として，「伸張型」と「屈曲型」があると述べ，Piotrowski, Z. A. が知覚分析の中でその概念を発展させ，重力を克服し広がりのある運動である伸張型は自己主張や自己信頼を，重力に屈し縮むような姿勢や行動である屈曲型は服従や従順を，そして，伸張と屈曲，拡張と委縮が互いに相殺し合う妨害された運動は不決断や優柔不断を意味すると述べている。名大法の「能動型」（active）と「受動型」（passive）は，伸張型と屈曲型の意味をほぼ踏襲しているが，「不定運動」（indefinite）はそのどちらとも言い難い場合と位置づけられている。

4. 形態水準（Form level）

Rorschach, H. によれば，F＋％ は健常者や強迫的な人で高くなり知的障害者では低くなること，うつ状態のように抑制の強いときには高くなり，高揚した気分のもとでは低くなると述べている。さらに，精神病圏では，総じて低くなるという結果が得られている。すなわち，F＋％ は知的因子と情緒的因子に関連をもつものと考えられる。

また，Beck（1950）は，F＋ は自我の強さのサインであり，自我が弱いほど F− が多くあらわれるので，F＋％ から意識的統制と現実認知の程度を知ることもできると述べている。

その他，F＋ か F− かを決定する諸因子として，次のようなものがあるとされている。①自我の強さ，②現実吟味の能力，③知的水準，④知覚の明確さと正確さ，⑤知的過程の統制，⑥衝動的行動の延期，⑦批判的評価の鋭さ，⑧連想過程の豊かさ，⑨抑圧的圧縮的統制，⑩強い文化的圧力への譲歩，⑪概念活動，⑫形式的推理，⑬過去経験の豊かさ，⑭注意を持続する能力，⑮注意集中の能力，⑯意識的弁別と判断，⑰人格の安定性。

F− 反応は被検者のもつ欲求が強く，かつそれを抑制する力が弱い場合に生じるもので，その中には現実への無関心や現実の曲解，無視をあらわすものが含まれ，そのような F− が多いことは，思考過程の問題や情意の混乱を示している。

F＋％ の基準は研究者によって多少異なるが，健全な人では大体 80〜90％ の範囲に入ると考えられ，70％ 以下の F＋％ は精神面に何らかの問題の存在が考えられる。

5. 反応内容（Content）

動物像（Animal）関係の反応

　インクブロットの左右対称性の影響からか，何らかの動物像にみたてた反応は比較的出やすく，A％は一般に 30％前後（25～45％）の範囲で出現する。50％以上の A％は，紋切型（stereotypy）な物の見方，思考の常同性の強さ，興味の狭さ，内省傾向の乏しさ，未成熟さ（immaturity）などを示すことが多い。

　また，知覚された動物の内容に被検者が日常生活事態で示す役割とか情緒性が投影されることがある。トラやライオンなど猛獣を見ることは，攻撃的な傾向と関係があり，イヌ，ネコなど家庭にいる動物は，受動性や依存的態度を示す可能性がある。

人間像（Human）関係の反応

　H反応（現実人間反応）は反応数 25 前後のプロトコルに 3, 4 個あるのが一般的である。H反応を多く示す被検者は他人に対して過敏であり，感受性が強い傾向にある。逆に少ない場合は，他人に対する共感性に欠け，人間関係の問題が示唆される。H％（H, H/, Hd, H′, Mask を含む Human 関連反応の割合）は，一般に 25％程度と考えられる。

　H/ 反応は他人への感受性とともに，対人的不安感や社会的孤立への傾向を示す。Hd 反応が顔や頭としてみられたときは，防衛機制として知性化や強迫性を用いる人によく見受けられる。また Hde 反応は疑い深さ，さらにはパラノイド傾向をうかがうことができるし，Hdt 反応は依存的欲求の阻止に伴う他人への攻撃性などを示すし，Mask 反応は自己防衛的傾向の投影である場合が多い。

解剖（Anatomy）関係の反応

　①知的不適応の感情（劣等感の補償），②心気症的傾向（意識が自分の身体に固執している状態），③一般的な不安の存在，④精神障害の結果としての解剖反応の反復などを示す。Atf 反応は一般に Atb 反応よりも悪性のものである。Bl 反応はとくに攻撃性・加虐性・破壊的衝動などを意味するが，これらの衝動や欲求が実行されないままに，うっ積している場合に示されることが多い。

性反応（Sex・Anal）

　この種の反応が出現することは多くない。性的関心の昂進の反映である場合もあるが，繰り返し産出される場合には，常識的，社会的枠組みからの逸脱という意味を考えることが必要である。

　以下に述べる反応内容の解釈は，精神分析的なニュアンスが強いが，参考までに Phillips ら（1953）の解釈を簡単に紹介しておく。

死反応（Death）

　出現は非常にまれである。強い情緒的問題の存在を示し，一般に不安，抑うつ的気分の反映である。

食物反応（Fd）

依存的欲求のシンボルであり，養育への強い欲求と関連している。

衣服反応（Cg）

①社会規範への過敏性，すなわち社会的地位や習慣への感受性，②性的差異や性的役割についての関心などを示す。一般に「見る・見られる」，「みせかけ」への関心の反映であり，自己愛的ニュアンスを含む場合もある。

徽章反応（Emb）

Cgと同様外見的姿への感受性が投影されるが，権威への依存欲求，権威主義的傾向が示唆される。また劣等感とそれをカバーする虚勢と結びついていることもある。

装飾反応（Orn）

外見への関心，興味がみられる。内容によっては自己愛的傾向が推察できよう。自分を隠す，飾るという防衛的な意味のある場合もある。

肖像反応（Stat）

H/反応やEmb反応と同様の意味をもつ場合が多い。

芸術反応（Art）

芸術的興味とか敏感さが反映される。荒々しさと自己主張的行動を避け，問題解決も漠然として，非現実的かつ知性化したような方式で行動しやすい。

音楽反応（Mu）

文化的関心の高さをあらわす。

娯楽反応（Rec）

一般的に文化的，昇華的なpositiveな意味をもつが，情緒的未成熟さ，緊張耐忍度の低さ，計画性の欠如，活力の乏しさ，利那主義的生活態度，日常的問題を現実水準で解決することの困難さ，貧弱な判断力などが反映されることもある。

玩具反応（Toy）

幼児的傾向，情緒的未成熟さなどがうかがわれる。

道具反応（Imp）

衝動性や活動性と関連している。また，不安定感とか不適切さの感情を否定したり，隠したりする手段となっている場合もある。

家具反応（Hh）

関心が家庭に向けられている場合がある。.

交通乗物反応（Tr）

情緒的に未成熟な人によって示される傾向がある。

科学反応（Sc）

博学ぶる衒学的態度を反映し，自分の問題を知性化する傾向をもった人に多くみられる。"人体の解剖図"などの場合は，加虐的衝動の知的合理化と考えることができる。

職業反応（Voc）

まれな反応で，意味的には Imp 反応と同義的である。

宗教反応（Rel）

善悪の問題へのこだわり，性的罪悪感の置きかえといった心的機制を反映する。宗教的なものへの依存感情なども示される。

神話反応（Myt）

逃避的傾向の反映であり，現実的人間関係の場からの逃避，制限的人間関係などが示される。

古代反応（Antq）

文化的知識，興味をもっていることを反映する反応である。抑えられて表面にあらわれてこない不安をも示す。

人類学反応（Anth）

普通の社会的適応を達成できるだけの潜在的能力をもっていることを示す。

植物反応（Bot）・花反応（Flo）

これらは主として二種類の態度特性と関連する。すなわち，①受動的態度，②依存性である。とくに「葉」は依存的な受動性の他に，不活発，無感動をあらわすものであり，「木」は性的役割の不安定な人にみられる。

自然反応（Nat）

「山」，「嵐」など自然の力強い面を強調する反応は，劣等感や無能力感を反映する。これに対して「雪片」，「つらら」など繊細で弱く小さい反応は感覚性，敏感性などと関連がある。「雪」や「水」は沈んだ悲観的気分を反映するし，「崖」とか「谷」は他人からの拒否，重苦しい孤独感，不安定感などの感情のサインである。

洞穴反応（Cave）

情緒的不安定から脱却して，憩いの場所を求めようとする，安定化工作の反映である場合が多い。

地図反応（Geo）

用心深さと逃避性を示す。さらに阻止された依存感情，慢性的な不幸感などとも関係する。この反応を多く示す被検者は社会から孤立し，不適応をおこす傾向がある。

風景反応（Lds）

この反応形成過程では，通景知覚が関与するのが普通で，その意味づけも決定要因の FV，VF 反応のそれに同じである。

泉反応（Fnt）

水に関係する反応であり，依存的態度と関係づけられる。

建築反応（Arch）

建築物，塔などは高い水準の願望を達成しようとする積極的努力を反映する。その結果，社会，職業生活での不適合感とか劣等感の打撃を受けやすい。

戦争反応（War）

　この反応に示される基本的態度は攻撃性である。

爆発反応（Exp）

　内的緊張感の高まりと，それを衝撃的に解消しようとする行動特性を示す。

火反応（Fi）

　スタミナに乏しく，受動的で他人にあやつられやすい被検者に出現しやすい。情緒的には間接的な攻撃性や敵意感情の表現手段となる。

明り反応（Li）

　意識の光で照らすことを意味しており，それによって心の支えを求めたい，守られたいという願望と関連している。

煙反応（Sm）・雲反応（Cl）

　逃避的傾向，不活発，スタミナの欠如を意味し，社会的参加も制限される。また抑うつ的気分も投影される。

しみ反応（St）

　強い敵意，破壊性，加虐性が反映される。まれにしか出現しない。

記号反応（Sign）

　成人にみられると，精神疾患の可能性を示唆する。

抽象反応（Abs）

　この反応は高い知的水準を必要とするが，一般に行動の世界よりも，観念的世界で生活しようとする被検者によって示される。

Content Range

　知的な関心の広さ，興味の柔軟性を示す。通常は 10 前後である。

6. 平凡反応（Popular response）

　P 反応の出現数は，一般には 5 あるいはそれ以上みられる。ただし，非常に多くの P 反応があるとき（総反応の過半数を占めているような場合）は，他者と同じように考えたいという欲求が強く，あまりにも常識的で紋切型の思考をもつことが考えられる。また，P 反応が少なすぎるときは社会的な協調性に乏しく，他者と同じように世界をみることができないことを示し，時には著しく内閉的で，対人関係がもてなくなっている状態が考えられる。

7章　分析の視点

　第Ⅱ部および第Ⅲ部6章では，分類記号化（スコアリング），指標の集計方法，およびそれらの心理学的意味づけについて述べてきた。ロールシャッハ法からパーソナリティを的確に描くためには，スコアや指標を量的に比較する視点をもって分析することがまず大切である。Rorschach, H. をはじめとしたロールシャッハ法を探究してきた先達は伝統的にこの視点に着目してきた。他にも，被検者が10枚の刺激図版を順に見て反応を生み出していくときに生じる思考，認知，感情の力動的な過程をとらえる視点や，反応内容それ自体の意味をとらえていく視点からの分析も重要視されている。それぞれの視点にもとづく分析は，形式分析，継列分析，内容分析と呼ばれる。この三つの手法は，ロールシャッハ法から被検者のパーソナリティを理解するための根幹といえよう。本章では，これらの分析の視点について解説する。

1. 形式分析

　形式分析とは，スコアや指標の多寡もしくは高低という量的観点から，標準値との比較や臨床的判断を通して被検者のパーソナリティをとらえることをいう。前章において紹介したそれぞれの標準値は，Rorschach, H. による研究をはじめとする過去の知見を基礎としている。さまざまなパーソナリティや病態水準の被検者にロールシャッハ法を実施・分析する経験を積むと，被検者の特徴を見出すための自分なりの判断基準が形成されてくる。形式分析においては，客観的に設けられた標準値との比較と，検査者の内的な基準による臨床的判断の両方が鍵になる。

　形式分析の手順は次の通りである。まず，スコアや指標の各々の意味を理解していることが前提となる。そのうえで，標準値との比較や臨床的判断により，各スコアもしくは指標の数値をもとに被検者の特徴を描き出す。そうして得られた被検者の個々の特徴を羅列するのではなく，それらの特徴がどのように関わり合っているのかについて精査し，それらの特徴を統合して被検者のパーソナリティ全体をとらえる。そのためには，その力動的構造に加え，問題点と健康な側面の両方に注目することが大切になる。とくに初学者は，被検者の問題点にばかり目を向けてしまいやすいことに注意する必要がある。

　形式分析は，ロールシャッハ法から被検者のパーソナリティを解釈するときの土台といえるため，まずは形式分析を身に付けなければならない。形式分析が不十分だと，他の分析を丁寧に行ったとし

てもパーソナリティを的確にアセスメントすることは難しい。ただし，被検者のあり方すべてがスコアや指標に還元されるわけではないため，形式分析だけではなく後述する継列分析や内容分析も併せて行うことが重要である。

　名大法の形式分析は，知的機能の側面，情意的側面，対人的側面という三つの側面から行われる。以下では，当該のスコアや指標を各側面においてどのように解釈するのかと，その際の留意事項を解説する。スコアや指標の解釈の仕方に関しては，これまで述べてきた内容と重複するところもあるが，本節ではとくにスコアや指標と各側面の関連に重きをおいて説明する。知的機能の側面，情意的側面，対人的側面のそれぞれは，完全に独立しているものではなく，密接に関わり合っている。そのため，複数の側面に関連するスコアや指標が存在していることに加え，被検者によっては各側面の解釈を以下とは異なるスコアや指標を用いて組み立てる方が適切な場合があることに留意する必要がある。スコアや指標の多寡もしくは高低を判断するための標準値については，6章も参照していただきたい。

　また，思考・言語カテゴリーは，知的機能の側面，情意的側面，対人的側面のいずれにも関わってくるものである。それゆえに以下の各側面の説明には思考・言語カテゴリーからの解釈を含めていないが，実際には，必要に応じて思考・言語カテゴリー（4章：pp. 68-85）からの解釈を適切な側面に加えることが大切である。

（1）知的機能の側面について

　大まかには，知能は，特定の能力ではなく，何らかの目的を達成するために，必要な情報を取り入れて処理する総合的な能力のことをいう。一般的に，知能は標準化された知能検査を用いて測定されることが多いが，ロールシャッハ法から推定される知的機能は，知能検査によって測定されるものとは異なっていると考えられる。知能検査は，明確な課題を確実に遂行することを感情とは関係なく被検者に求めるが，ロールシャッハ法は，被検者に曖昧な刺激を提示し，そこで喚起された思考，認知，感情を反応の形にまとめることを求める。ロールシャッハ法からは，そうした反応形成過程に関与する知的機能をアセスメントすることができる。

①知的生産性［R（総反応数）］

　R が多いと，言語表現が豊かであり，さまざまなものの見方ができると考えられるため，知的生産性が高いと解釈できる。思考が活発であったり，情緒がよく動いたりする大学生などの青年期後期に位置する人の R は比較的多いとされる。一方，R が 10 個前後の場合には，知的生産性は低いと考えられる。

　R があまりに多いことは，量を増やすことに強迫的であったり，躁的な気分であったりすることに起因する可能性がある。逆に R が少ないことは，知的機能の問題だけでなく，抑制的であること，抑うつ感や自己不全感が強いこと，記憶痕跡が貧困であることなどとも関連している可能性がある。また，R が少なかったとしても，反応の修飾や明細化（elaboration-specification）と反応の結合性（organization）の観点から見て質の高い反応が目立つときなど，知的生産性が低いと解釈しな

い方が適切である場合もある。このように，R は内的な豊かさの一つの指標になるが，解釈に際しては反応の質についても吟味する必要がある。

②知的機敏性［T/IR，T/ch，T/ach］

T/IR が短い人は，反応が速く物事の判断も素早いため，知的に機敏であるといえる。10 秒以内の T/IR ならば，物事に対して衝動的に反応しやすいと解釈した方がよい場合もある。T/IR が 1 分近くかそれ以上ならば，知的機敏性は低い傾向にあるといえよう。T/IR には，知的機敏性だけでなく情緒的な問題も関与しているため，情緒的な問題によって T/IR が短かったり，長かったりすることがある。

また，T/ch が T/ach よりもとくに長い場合には色彩ショックが，反対の傾向がみられた場合には陰影ショックが起こっていた可能性が示唆される。特定の図版の初発反応時間だけが長い場合には，その情緒的な意味について考察することが大切である。こうした情緒的な問題に関しては，後述する情意的側面において考察されることが多い。

③課題対処への構え［把握型，S 反応，継起型］

反応領域に関して，標準値と比較して W の割合が高いほど，目標達成への意欲が高く，問題全体の構造をとらえたうえで解決を図ろうとしやすい。D の割合が高いほど，問題に対して常識的で無理のない対応をする傾向が示唆される。d の割合が高いと，物事の細かい部分に目が向きやすく，こだわりやすい特徴があると考えられる。Dd の割合が高い場合は，その下位分類のどれが多いかに注目する必要がある。たとえば Dd（dr）が多いと，独特あるいは恣意的な視点から問題にアプローチしやすいこと，Dd（dd）が多いととくに細部に固執してしまいやすいことが考えられる。S 領域の反応が多いと，通常とは異なる見方から問題に対処しやすいといえることから現状に対して批判的視点をもっていることが示唆される。

継起型は，問題解決の方法がどれほど変動しやすいかを表しているとも解釈できる。継起型が「厳格型」であるなど systematic が多いことは，どの図版も一定の形式で見ていることを表しており，問題に対して安定的に関わることができる反面，思考様式が固く，臨機応変にアプローチを変えることが難しいともとらえられる。反対に，systematic が少ないと，問題への対処方法が時によって異なるあるいは柔軟であるとも解釈できるが，「混乱型」などあまりに systematic が少ない場合には，系統立てて物事に取り組むことが難しいといえる。

④現実認知［F＋%，newF＋%，R＋%，P 反応］

F＋% は，主にブロットの形態と産出された反応の適合度の高さ（fitness）を評価したものであり，現実場面における認知が適切であるかどうかを表している。そのため，F＋% は，現実吟味力，知覚の正確さ，抑制力の指標である。F＋% が 70% 以下である場合には，これらに何らかの問題があることが示唆される。F＋% が 100% などのようにあまりに高い場合には，形態を正確にとら

えることにこだわりすぎていたり，自由なものの見方が困難であるという意味で紋切型の思考をしていたりすることが考えられる。

　また，F＋％は，知的機能の問題だけでなく，情緒的な問題にも左右されうる。たとえば，知的機能に問題がみられなかったとしても情緒的に動かされやすい人ではF＋％が低くなったり，自己不全感や抑うつ感を強くもっている人においてはF＋％が100％近くになったりすることがある。F＋％に知的な要因と情緒的な要因がどのように関与しているかについては他のスコアや指標を考慮に入れて判断する必要がある。

　newF＋％とR＋％は，形態以外の諸要因に動かされながらも冷静さを保って現実に合った見方ができるかどうかの指標である。newF＋％とR＋％がF＋％と同様の傾向を示していれば，情緒的に動かされたときと，あまり動かされなかったときの間で，常識的な見方ができる程度に違いはみられないと解釈できる。一方，newF＋％とR＋％がF＋％と異なる傾向を示すときには，両者の間に差がみられることが示唆されるため，どのように情緒が動かされたとき，つまりどの決定因のときに形態水準が下がってしまうかを中心に精査することが大切である。また，newF＋％とR＋％の間に違いがみられた場合には，これらの指標がもつ意味を考慮に入れて結果を解釈する必要がある。

　名大法における形態水準はブロットの形態特性と反応内容の適合度（fitness）だけでなく，反応の修飾や明細化（elaboration-specification），反応の結合性（organization）などを加味して評定されている。F＋％，newF＋％，R＋％という数値のみでなく，それらの数値が反応のどのような特徴に由来しているかについてもおさえておく必要がある。

　P反応の数は常識的なものの見方に関する指標である。P反応がある程度あれば，周りと同じようにものを見ることが可能であると解釈できる。P反応が1個もなければ，偏ったとらえ方をしやすいことが示唆される。反対にP反応があまりに多ければ，常識的な見方に縛られており自由にものを見ることが難しいと解釈でき，紋切型の思考をもっているといえる。ただし，P反応の数はRとも関連しているため，Rが少なくとも40個近くある場合には，P反応が多かったとしても，紋切型の思考を有していると考える必要はないと考えられる。

⑤知的興味や関心［Content Range, A％］

　Content Rangeは知的な興味や関心の広さを表しており，Content Rangeの数が多いと，想像性や記憶痕跡が豊かであり，興味や関心の幅が広いと考えられる。Content Rangeが5以下ならば，興味や関心の幅はかなり限られていると考えられる。

　A％は，どれくらい思考が紋切り型であるかを表すものであり，A％が高いと，自由な発想が難しく興味・関心の幅は狭いといえる。

⑥要求水準とそれを満たすための資質［W：M］

　W：Mは，要求水準とそれを満たすための資質のバランスを表す指標と考えられる。W反応は，

ブロットの各部分を統合し，ブロットを全体としてとらえようとする動因が働くことで産出される。10枚の図版を通じてW反応を多く出す人は，要求水準が高く，頑張り屋であり，目標に向かって自身の能力を発揮しようと努力しているといえる。しかし，W反応が多すぎると，物事にこだわりすぎたり，いくら頑張っても満足できずに不全感を抱いたりすると解釈できる。

　要求水準については，その高さだけではなく，それを満たすための資質とのバランスを考えることが大切である。この資質は，M反応の数から推定される。比としては，W：M＝2：1が適当であると考えられており，日本人ではWの比率が高い傾向があるとされる。Wの比率が高いほど自分の本来の能力以上のことをしようとする特徴をもっているといえよう。

⑦想像力や創造性〔M反応〕

　前述のM反応は，想像力や創造性などの資質を表している重要な指標である。0～1個のM反応は，想像力や創造性が乏しいことを示している。ブロットの形態と反応内容の適合度（fitness）が高く，なおかつ修飾や明細化（elaboration-specification）がよくなされているM反応は，優れた想像力や創造性を有していることを示唆している。一方，形態水準が－のM反応が多い場合には，想像が膨らみすぎて思考が現実から離れ，空想的になってしまいやすいと考えられる。

⑧批判性とこだわり〔(H+A)：(Hd+Ad)，反応領域〕

　(H+A)：(Hd+Ad)は，細かいところに固執する傾向を表している。とくに2(H+A)＜(Hd+Ad)の場合には，些細な事柄にこだわりすぎてしまう特徴をもっていることが考えられる。

　また，反応領域については全体でのバランスが重要である。dもしくはDd（dd）の領域の反応も細部に注目しやすい傾向を示唆するものであり，Sの領域の反応は，通常とは異なるところに目を向けるという意味で批判的思考と関連があるとされる。(H+A)：(Hd+Ad)と反応領域の両方の特徴を比較することで，批判性と細部へのこだわりについてより明確に解釈できる。

(2) 情意的側面について

　被検者は，ロールシャッハ法の図版という曖昧なものを見ることによって，情緒的に揺り動かされたり，自身の欲求や衝動を喚起させられたりする。そうした「情緒」と「意志」の観点は，外側からの刺激による自分への影響をどのように統制し反応として表出するか，自分の内側の動きをどのように統制し反応として表出するかと言い換えることができる。これらの二つの観点はロールシャッハ法の解釈において非常に重要であり，名大法における形式分析では，情意的側面としてまとめられる。さらに，感情カテゴリーから推定される被検者の感情のあり方についても，この側面において解釈される。

①客観性と冷静さ〔F％，F＋％，newF＋％，R＋％〕

　F％がとくに高い人は「F型」，とくに低い人は「nonF型」といわれる。F％がとりわけ高い，

つまり図版の形態特性にだけ着目した反応がとくに多いと，情緒的な動きに乏しいという意味でパーソナリティの固さをもっていると考えられる。「F型」は，周囲からの影響をほとんど受けずに，常に客観的な立場から対象を観察しているといえよう。「nonF型」は，色彩，陰影，運動などの形態以外の諸要素を決定因とした反応を多く出し，周囲から影響を強く受けて情緒的によく動かされることを意味している。

また，形態を適切にとらえて反応を出せることは，現実に適合した物事のとらえ方ができることを意味していると考えられる。F＋％が高ければ，情緒的な揺さぶりに左右されず，客観的に物事を眺め，冷静に対応できる力をもっていると解釈される。newF％やR＋％が高いと，情緒的な揺さぶりの影響を受けた場合でも冷静さを保って現実に合った対応ができることを示しているといえる。

②外的反応性 $\left[\Sigma C, \dfrac{Ⅷ + Ⅸ + Ⅹ}{R}\%\right]$

ΣCは外的環境からの情緒刺激に対する反応性を示しており，ΣCが3程度あれば，正常な反応性をもっているといえるが，ΣCが3より少ないときには，情緒が動かされにくいことや情緒に対して抑制的である可能性が示唆される。ΣCが高すぎると，情緒刺激を受けたときに現実にそぐわない対処をしてしまったりしやすいことが示唆される。

$(Ⅷ + Ⅸ + Ⅹ)/R\%$は，40％より多いと，外的情緒刺激への反応性が強く，30％以下であれば反応性が乏しいと考えられる。基本的にはΣCと同種の指標であるといえる。ただし，$(Ⅷ + Ⅸ + Ⅹ)/R\%$の特徴としては，多彩色図版，つまり情緒刺激が複雑かつ強い場合における反応性に焦点を当てていることと，情緒刺激に対する反応の質ではなく，反応の量を反映していることが挙げられる。

ΣCと$(Ⅷ + Ⅸ + Ⅹ)/R\%$が，同様の傾向を示す場合には，外的反応性がより高いといえる。これらが異なる傾向を示す場合には，この二つの指標の違いを考慮に入れて解釈する必要がある。

③外的統制 [FC：(CF+C)]

外的統制とは，外的環境からの情緒的刺激に対する衝動的な反応をどの程度統制できるかを指し，FC：(CF+C)が外的統制の指標である。FC＞(CF+C)である場合には，情緒刺激に対する衝動的な反応をうまく統制できるといえる。FCが優位である場合，(CF+C)が2〜3個だと，豊かな感情を適宜表出しながらうまく社会生活を送ることができると考えられるが，5個以上みられる場合には，外的統制が十分効かずに不適切な感情表出がみられる可能性がある。FC＜(CF+C)だと，外的統制がうまく働かずに情緒刺激に反応してしまいやすく，感情があふれるように表出されやすいといえる。反対に(CF+C)が全くあるいはほとんどみられないと，外的統制が過剰に働いてしまい，感情を表出しにくいと考えられる。

④内的統制 [M：FM, M：(FM+m)]

内的統制とは，自分の内側から湧いてくる欲求や衝動を行動に転化させる時機を，現実状況に合わせて調整することを指し，M：FMとM：(FM+m)が内的統制の指標である。運動反応におい

ては，人間運動反応（M），動物運動反応（FM），無生物運動反応（m）の順に，内的活動性の成熟度，分化の程度，統制の度合いが小さくなると考えられている。M，FM，m の数が極端に少ない場合には，内的活動性が乏しいと解釈される。

　M：FM に関して，M ＞ FM ならば，自分の欲求や衝動を即時的に満たそうとせず，現実状況に合わせて必要なときにはその充足を遅らせる力をもっている，つまり，適切な時機を見計らって自身の望みをかなえる行動をとることができると考えられる。FM ＞ 2M ならば，現実状況よりも欲求や衝動の充足を優先しやすい，つまり，思いついたらすぐ行動してしまう傾向を示すといえる。

　M：（FM+m）に関して，（FM+m）は被検者には把握・統制しきれていない内的活動性の程度を意味すると考えられている。そのため，1.5M ＜（FM+m）である場合には，自覚的でないものも含む未分化な内的な衝動性によって，社会生活において能力を十分発揮することが難しくなっている可能性が示唆される。

⑤体験型　[M：ΣC，（FM+m）：（T+C′）]

　Rorschach, H. は，自分の内部から動かされやすいことを内向性（introversion），外部からの情緒刺激に動かされやすいことを外拡性（extratention）ととらえ，この二つの観点から被検者を類型化したものを体験型と呼んだ。M 反応とΣC の比率が内向性および外拡性を示していると考えられている。

　M ≧ 2 かつ M ＞ ΣC であれば「内向型」であり，関心が自分の内側を向いているといえる。ΣC ≧ 2 かつ M ＜ ΣC であれば「外拡型」であり，外的な環境からの情緒刺激に対して動かされやすいと考えられる。また M，ΣC がともに ≦ 1 ならば「両貧型」であり，内的な欲求や衝動が乏しく，外からの情緒刺激にも反応しにくいという意味で，情緒的に固いパーソナリティをもっているととらえられる。逆に M，ΣC がともに多い場合は「両向型」であり，関心が自分の内側に向いていると同時に，環境からの情緒的刺激に動かされやすいといえる。

　一方，被検者が自覚し切れていない潜在的な体験型についても考えられており，（FM+m）：（T+C′）がその指標である。（FM+m）が潜在的な内向性を，（T+C′）が潜在的な外拡性を表しているとされる。M：ΣC と（FM+m）：（T+C′）が同様の方向性を示すときには，被検者の体験型を明確にとらえることができる。一方，これらが異なる方向性を示すときには，顕在的な体験型と潜在的な体験型の相違がもつ意味について検討する必要がある。

⑥感情のあり方　[感情カテゴリー]

　感情カテゴリーは名大法独自のものであり，反応内容に付加された感情を細かく把握できることに特徴がある。N％を含めた各下位カテゴリーの出現比率や Total Unpleasant％の高低，あるいは個別のスコアの多寡により，被検者の感情のあり方について解釈することができる。感情カテゴリーの解釈は，後述する内容分析とも関連するものである。感情の多くは対人関係において生じることから，感情カテゴリーのスコアには対人的側面に含めた方が考察しやすいものもあり，実際，

次の対人的側面のいくつかの項目に感情カテゴリーのスコアが入っている。

(3) 対人的側面について

ロールシャッハ法からは，被検者がさまざまな現実場面において，どのようなことを感じ，考え，問題をどのようにとらえて，どのように対処するかを理解する手がかりを得ることができる。そのため，被検者の対人関係の特徴についても多くのことを知ることができ，このことはとくに被検者の適応をアセスメントするうえで非常に重要である。こうした対人的側面は，後述する継列分析や内容分析とも密接に関わっていると考えられる。

①対人的関心［H%］

H%，つまり Human 関係の反応が R に占める割合を％で表した数値は，対人的関心やよく人を気遣ったりする傾向を表す指標であり，一般に25％程度と考えられる。H%が高すぎる場合には，対人関係において過敏であり，人のことを気にしすぎると考えられる。反対に，H%が低い場合には，対人関係への興味が薄かったり，人に対する配慮に乏しかったりするといえる。Human 関係の反応のなかでも，人間の全体像である H 反応の数の多寡は，上述の特徴をより明確に反映したものと考えられる。非現実的な人間や人間の部分を示す反応が多い場合には，対人的関心はあるものの，直接人と向き合うことが難しく回避的になりやすいといえるかもしれない。人の目（Hde）を反応として出す場合には，対人不安が強かったり，強迫的であったりすることが考えられる。対人的関心の解釈にあたっては，Human 関係の反応の質的検討を考慮に入れることが大切である。

②共感性［M 反応］

M 反応は，Human 関係の反応と同様に対人的関心を表しているが，他者への共感性の指標でもある。M 反応が多いと，他者の気持ちをよく理解できたり，相手の立場からものを考えることができたりすると考えられる。M 反応が少ないと，その反対の傾向があるといえる。対人的関心と同様，共感性の解釈に際しても M 反応の質的検討が重要である。

③常識的思考［P 反応］

P 反応をある程度出せることは，周囲の人と同じような常識的な見方ができることを意味しているため，社会生活において適応することができる力をもっていることを示唆する。R が少ないにもかかわらず P 反応が非常に多い場合には，とても常識的である反面，杓子定規的な思考を有しているとも考えられる。P 反応が少ない場合は，他者と共通した考えをもつことが難しく，対人関係に問題が生じやすいといえる。

④愛情欲求［T 反応，感情カテゴリー］

T 反応（FT，TF，T）は，暖かく柔らかい手触りに関する感受性を表している。そのため，T 反

応が多いことは，愛情希求性をもち，それに対してある程度自覚的であることを意味している。

　感情カテゴリーの依存感情（Dependency）や快的感情（Positive Feeling）のスコアには，愛情欲求と密接に関連する依存的態度や退行願望を示唆するものが含まれている。たとえば，Dcl（固着反応）は依存対象から何とか離れないようにする態度を，Dsec（安定反応）は心もとなさから安心感を求める気持ちを，Dch（幼児様反応）やPch（幼児的快反応）は退行願望を，Ps（感覚的接触反応）は身体に触れることで安心感や快感情を得ることを表しているとも解釈できる。

⑤自己像［自己イメージ図版，感情カテゴリー］

　被検者が自己イメージ図版（SIC）として選択した図版，その理由および当該の図版における反応を参考にすることで，被検者が自分自身に対して抱くイメージを知ることができる。自己イメージが肯定的である場合には，自己受容的であり，対人関係もうまく築くことができることが多い。反対に自己イメージが否定的であれば，自己不全感，劣等感や対人不安が強い傾向がある。また，自己像については内容分析も重要である。検査者の立場から見ると，被検者が自己像を表すとして選択した図版や当該の図版における反応よりも，被検者をより象徴していると思われる図版や反応がみられることも少なくない。

　異なる観点では，感情カテゴリーのPs（感覚的接触反応），Pnar（自己愛反応），Porn（装飾反応）といったスコアが自己愛の高さと関連するといわれている。

⑥家族関係［父親イメージ，母親イメージ，その他の家族のイメージ図版］

　自己イメージ図版と同様に，被検者が父親イメージ図版（FIC）や母親イメージ図版（MIC）として選択した図版，その理由および当該図版における反応を参考にすることで，親との関係性について理解を深めることができる。それに加えて，被検者にとって父母以外に関係の深い家族がいる場合，その人物のイメージ図版を確認することによって，被検者の家族関係をより詳しく知ることができる。また，前述の愛情欲求に関する指標から，親子関係をはじめとした家族関係の特徴や課題を推定することが可能である場合もある。

2. 継列分析

　ロールシャッハ法は，10枚一組の図版によって構成されている。施行においては，その枚数も提示順序も規定されている。こうすることによって，一つの図版における反応様式や内容などから分析していくのみではなく一連の図版の流れに従って検査状況全体を詳細に分析し，解釈することが可能となる。名大法における継列分析の源流は村上英治の現象学的接近にあり，「図版から図版へ，反応から反応へ継列過程の分析は，被検者がこの検査に対して一貫して示してきた反応の構えを流れとしてとらえていこうとする，パーソナリティの力動的な分析過程と考えてよい」（村上，1977）とされる。

表7-1　各カードにおける反応拒否・反応数・初発反応時間（村上，1959より作成）

	反応拒否		カード別反応数		初発反応時間	
	出現率	順位	平均	順位	平均	順位
I	3.6%	1	1.68	4	27.9 秒	1
II	10.5%	6	1.53	5	41.6 秒	6
III	6.5%	3	1.76	2	34.6 秒	3
IV	9.8%	5	1.39	6	38.5 秒	5
V	7.7%	4	1.29	8	29.8 秒	2
VI	24.8%	10	1.19	10	48.4 秒	9
VII	21.5%	8	1.24	9	45.5 秒	8
VIII	3.6%	1	1.73	3	35.1 秒	4
IX	22.7%	9	1.31	7	49.1 秒	10
X	17.1%	7	1.83	1	44.3 秒	7

　つまり，被検者のパーソナリティはある一貫した特徴をもっていると考えられる。図版の方は，10枚それぞれの個性をもって，被検者の眼前に現れる。それに対峙して，被検者の自我がどのような対処を働かせるのか，その刺激的な状況をどう防衛し，自己を保っていくのかを理解しながら，その特性を見出すことができる。

　馬場（1995）は，「被検者の体験過程，葛藤解決過程，表象形成過程を，ロールシャッハ反応の変遷過程の中でとらえることによって，動的なパーソナリティ理解をしようとするのが継起分析である」と述べ，さらに継起分析とはsequence analysisの訳語で，わが国では一般に継列分析と訳されているが，一般的な言葉としては「継起」が相応しいと考え，「継起分析」と呼ぶという。名大法では，「継列分析」と呼称してきた歴史があるため，本書でもそのように記載する。

　さてまずこの分析を行うにあたっては，各図版に生じてくる一般的な反応様式について知識をもつことが必要である。とくにそれぞれの図版に対して与えられる反応数，初発反応時間の相違とか，人によってしばしば拒否されやすい図版などについての知識をあらかじめ知っておくことは分析のために有用であろう。

　村上ほか（1959）が，「ロールシャッハ反応の標準化に関する研究」の中で報告した，図版ごとのR, Rej, T/IRの平均数は，社会調査の目的で得られたデータである。したがってRは少なく，Rejは多く，T/IRは遅く，臨床群の場合の基準とはただちになりにくいが，日本人のデータは一般に西欧に比べてこのような傾向が強いし，継列分析の観点から他の図版との関連というううえで順位づけを併せて示すならば，十分有効なものになるであろうと考えられ，名大法の資料として提示したのが表7-1である。参照するにあたっては，時代と社会的背景を加味してほしい。

　以上のようなカテゴリーのみならず，こうした継列分析には，ロールシャッハ反応で記号化しうるすべてのカテゴリーがそれぞれの図版にどういう順序で出現してくるのか，その出現の具体的な様相を図版を追って理解しておくことが必要であることはいうまでもない。こうした検討の詳細は前述の

文献にゆずることにして，その研究の結果としてまとめた図版ごとの特徴をここでは提示しておく。さらに，各図版で生起しやすい被検者の態度や反応様式についても示しておく。ここから，分析においては，各被検者がどのような反応様式で対応したのか，これまでの量的分析も手がかりにしながら検討を進めていくのが望ましい。

【カードⅠ】

　被検者は，はじめて手にする未知なる図版に対して緊張を抱く。最初の図版であるために，何を言えばよいのか戸惑う者も少なくない。「見えたものを言うんですか？」，「難しいなあ」などと反応以外の言葉を発し，しばし気持ちを落ち着けようとすることもある。こうした発言や態度は，被検者の特徴でもあるので記録に残す必要がある。それでもカードⅠは全体から比較して反応時間は速く，Wカードであり，Affect では中性的であることが多い。

　また，カードⅠは，被検者の特徴を理解するうえで，「仮説を立てる」カードにも位置づけられる。ここで現れた特徴は，そのまま 10 枚の図版に引き継がれることが多い。たとえば，反応を名詞のみで伝える人もいれば，反応領域や決定因，内容の補足など詳しく語る人もいる。したがって，カードⅠで表現された反応様式が，それに続く図版の変遷によって，いかなる形に変えていくのか，あるいは，不変なのかをみていく必要がある。

　カードⅠで出現しやすい反応について示しておく。Wにおける「コウモリ」「チョウ」がP反応であり，その場合 C′ がしばしば伴われる。D_1 において H 反応はかなり多く，その際「頭のない人」のような Affect で Hhad とスコアされる反応はまれに出現する。D_3 においては，H 反応より A 反応が多く見られるが，D_1, D_3 それぞれ人と見て，「サーカスをしている三人」のように，Wでは人間と見られることも少なくない。その他，W で Geo 反応，Ad 反応（とくに顔）が現れることもある。

　カードⅠを終えるにあたっての被検者の態度もまた重要である。与えられた教示をよく理解して，「これで終わりです」と述べ，図版を検査者に手渡しをすることが求められる。しかし，反応したまま黙っている場合，何か検査者からの助けがないと次の図版に移れない場合や，終わっているかどうかわからずじっと図版を眺め続ける者，図版を無造作に置く者などさまざまである。この状況からも被検者の新奇場面への取り組み様式をみることができる。

【カードⅡ】

　はじめて色彩が現れ，かつ bright red color である。F＋％ が低いことは，カードⅡが反応生成が難しい図版であることを示している。強烈な刺激に対して，どう凌ぐのかが求められる緊張の場面でもある。赤色に対しての言及を避ける，赤が気持ち悪いと直接的感情を示す，あるいは何の躊躇もなく血液や性的反応を示すなどが起こりうる。興味深いことに，赤色についての言及を避けたとしても，Most Disliked Card を尋ねた折に，「赤が血を連想して気持ち悪かったから」といった説明をすることもある。検査終了における安堵感から，検査中には語れなかった感情を吐露すると

も考えられる。

ここでの P 反応は W（D_8）における H 反応「人間」と，D_1 における A 反応「クマ」「イヌ」である。そのとき「握手している」「口をあわせている」などの受動的運動反応が多く，Affect で Ps を伴う M 反応が多く出現する。しかし，Affect で敵意感情とスコアされる「ケンカしている」などの反応が現れることもある。

D_4 においては，Sex 反応が他のカードに比して多く現れるが，多くが女性性器である。DS_5, DS_6 では，「火山が爆発している」の Exp 反応，「血が流れている」の Bl 反応，「火が燃えている」の Fire 反応，「光り輝くシャンデリア」の Hh 反応，Li 反応が現れることがあり，m 反応が能動的な水準で現れやすい反応領域である。DS_5 では Cave 反応も現れることがある。全体としてみると D カードである。

【カードⅢ】

色彩図版の二番目であるが，カードⅡに比してかなりまとまったゲシュタルトのためか反応時間は速く D カードである。P 反応の人間がはじめて現れることも多く，対人関係の特徴を理解できる。またカードⅡで，強いショックを呈した被検者が，カードⅢにおいて，比較的速やかに P 反応を表出するといった立ち直りがあれば，本人の自我が外界の刺激に上手く対応して凌いでいく力をもつと考えられる。いくらかの動揺を伴って，反応がやや崩れた形から始まり，次第に気持ちを落ち着かせていくというプロセスもあり得るため，ここは丁寧に理解をすすめたい。

ここでは，D_1 における H 反応が P 反応であるとされ，「道化師がおどけている」「マンガの人間が踊っている」などのように，Affect として Hdpr 反応，Prec 反応，Dch 反応を伴う M 反応となることが多い。また「ガイコツ」「ミイラ」に示される H/ 反応，H/・Death 反応も見られるが，その数は H 反応に比較すればずっと少ない。D_2 では「鬼火」などの Fire 反応が多い。

D_4 では A 反応「チョウ」，Orn 反応「リボン」が現れやすい。D_3 では「昆虫の頭」のような Ad 反応が多く，その他，「骨盤」のような Atb 反応も少なくない。D_6 では「骨盤」「ガイコツ」のような Atb 反応が現れやすいといった特徴がある。

カードⅢで，D_1 領域に人間反応を出さない場合は，対人関係における問題が考えられ，限界吟味を行うことも有用である。

【カードⅣ】

一転して陰影図版となり，不安を喚起させる。その立体的なブロットの様相が威圧的であり，従来父親カードといわれているものであるが，Klopfer, B. らの言うようにここに現れるすべての反応が父親や権威と関係づけられるとは考えられない。脅威的な形態像と不気味な濃淡から unpleasant feeling は 10 枚の図版中もっとも体験されやすい。カードⅣはまた W カードである。立体視をしやすく通景反応を産出しやすいことから，同時に被検者と図版との距離感をも示される。「この怪物が自分をにらみつけている」といった，距離感の喪失がみられることもある。

ここでのP反応はWにおける「毛皮」でありTを伴いやすい。P反応ではないが，たとえば「毛ばだった動物の背中」「昆虫のザラザラした表面」，動物反応以外でも「グニャグニャした」といった，Tとスコアされる反応が多く出現する。動物の中には「解剖された」「切り開かれた」ものもかなりあり，AffectでHsmとスコアされる。

Wにおける人間反応では，「悪魔」「大男」のようにH/反応でAffectではAthrを伴う反応が多く，現実的人間を見ながら「足を広げ，肩をいからせている」のような脅威的感情を伴うものも多い。しかし「座っている」「腰かけている」のような中性的な感情をもつ反応も見られる。Wでの動物反応は「ゴジラ」「キングコング」のようなA/反応で脅威的な感情を伴うものも少なくない。

陰影反応としては，上述のT反応の外に，「内臓器官のレントゲン写真」「明方の明暗」「夜の水中に浮くエビ」「雲から顔を出している龍」などのYとスコアされる反応がWでよく出現する。D_1において動物部分反応（「龍」「ウマ」「エビ」などの頭）が多く現れ，D_4では「長靴」反応が多い。

【カードⅤ】

まとまりのあるゲシュタルトのためか，反応時間は速く，Wカードであり，Affectは中性的であることが多い。カードⅣで陰影ショックを受けた被検者が，カードⅤで日常的な動物で反応構成ができるかどうか，すなわち，カードⅣからカードⅤへとその立ち直りの様相を理解していくことが必要である。

反応のほとんどがP反応であるWの「チョウ」「コウモリ」に集中している。その際「黒いチョウ，飛んでいる」のようにC′，FMを伴うことが多い。また，同じように翼をもった動物反応が産出されやすいカードⅠに比べると「チョウの標本」というようなSc反応が伴いやすい。動物以外ではW，D_2における人間反応が主で，反応内容の種類は10枚中もっとも乏しい。

前半を終えて，当初被検者の特徴として立てた仮説がどのように立証，あるいは反証されてきたかを振り返っておくことが重要である。後続の図版はより陰影の強い図版になり，不安や敵意を喚起させやすいからである。

【カードⅥ】

古くから性的イメージが喚起されやすい図版といわれている。気持のよくない濃淡の故からか，反応時間は遅く反応拒否が多い。ゲシュタルトが明快なカードⅤの後だけに，陰影ショックを起こしやすい。

カードⅥのP反応はWでのAob反応であり，「毛皮」「動物の皮」「敷皮」のごとくT反応を伴いやすいが，この図版でのT反応はⅣにくらべれば少なくなっている。なお動物反応では「切り開かれた」という反応がカードⅣのそれより多く，HsmのようなAffectでの敵意感情反応の出現率が10枚の図版中第1位である。

Wではまた「水に映る風景」「森が水に映っている」のようなLds反応が多く，決定因ではVがスコアされやすい。また「灯台，火がともっていて下の方が暗い」のようにYとスコアされる

反応も多い。

反応内容において加工品が多く，上記のLds反応，「ギター」などのMu反応が多い。「勲章」・「紋章」などでスコアされるAffectのDaut反応も多い。

D_1においては「トンボ」のような翼のある動物が多く見られる。d_3ではSex反応も現れるが，拒否反応の中には，性的意味をもつ反応を避けようとするものがあるのかもしれない。したがって，性的なイメージを喚起されやすいながらも，反応形成としてはそれを防衛していることが多く，実際に性的な反応が出ることは多くない。

【カードⅦ】

カードⅦのもつ拡散的なイメージからか反応時間は遅く，反応拒否は多い。容易に人間反応を産出できた場合は，取り組みやすい図版との印象が残るが，D反応として怒った顔を見ることや，陰影に影響を受け「煙」や「しみ」を見る場合には，反応産出が難しい場合もある。

この図版には名大法におけるP反応はないが，WではH反応「人間」がよく現れ，多くは「遊んでいる」「向き合っている」のようなM反応を伴っている。その際，「女の子がにらめっこしている」というような子どもっぽい遊戯的な動作が多いためAffectでは依存感情が高くなっている。

またカードⅦは従来，母親カードといわれている。たしかに人間の性別を言う被検者は女性と言い，男性と言うことはまれである。しかし，「ウサギ」「リス」のような動物を指摘しやすいこともあり，それがすべてただちに母親に関係づけられるとは考えがたい。

Wでは，Cl反応が他の図版に比較すると多く出現し，図版の拡散的イメージから，Yを伴うことが多い。また「山のむこうに雲がある」「人が立っている，影が映っている，女神というか祈っている」のようなV反応も多い。

その他，WではGeo反応も他の図版より多く，Bot反応では「海草類」「木の根」のような反応が主である。D_1ではしばしば動物がみられる。D_2では「金のシャチホコ」のようなStat反応もよく現れる。なおStat反応はWでも「女の人の彫刻」のような反応で現れることもある。d_1では女性性器がカードⅥのd_3よりも現れやすい。

【カードⅧ】

一転して，色彩豊かな図版となり，外的刺激に反応しやすい被検者にとっては，「明るくなった」「きれい」という，図版の印象をもちやすく，反応産出より先にそうした感想を述べる被検者も少なくない。D_1に動物反応が見やすいためか，はじめての多彩色図版にもかかわらず，反応時間は速く，反応拒否は少ない。Dカードである。

P反応はD_1の四足獣反応で，決定因の多くはFMを伴い，「岩に登ろうとしている」などの能動的な運動でPst反応を伴うことが多い。

Wとしては図版を横にして「岩の上を跳んでいる，水に映っている」のようにFVとスコアされる場合がかなりあるが，カードⅥ，Ⅶに比べると少ない。一般に運動に伴った感情はpleasant

なものである。

　D_2 の Flo 反応も P 反応であり，「きれいな花」のように Affect で Pnat を伴う。ここではまた，「着物」のような Cg 反応も多く現れ，いずれも柔らかな色彩のためと思われる。なおここの Flo 反応は西欧では，全く P 反応となっていないことは興味深い。D_3 では「山，富士山」のような Nat 反応と，クリスマスツリーのような Bot 反応が多く出る。Nat 反応は他の図版に比して多い。全体をみて Lds 反応となることもある。

　色彩と関係して，カードⅧ，Ⅸ，Ⅹと進むにしたがい，反応内容が豊富になってくる。これまでの陰影に対する被検者の構えが，色彩という外的刺激によってどのように変化するかをとらえることが肝要であり，3枚の多彩色図版をどのようにみていくのかも，継列分析の流れとして重要な意味をなす。

【カードⅨ】

　カードⅧに比べて，色彩が混じり合い，はっきりしないため，反応生成の難しい図版となる。色彩と形態の関係から，全体を明確に一つの反応としてまとめようとするためか，反応時間は遅く反応拒否ももっとも多く，F+% は低い。また D カードである。名大法の調査では P 反応はないが，W では Flo 反応，Exp 反応，Nat 反応のような自然物反応が多く，また Orn 反応もよく現れる。ことに Exp 反応はカードⅡよりずっと多く，「火山の爆発」「原爆」などの反応で能動的な m 反応と Affect では Hhat を伴うが「原爆雲」のように Cl 反応とブレンドになる反応もある。D_1 では「シカ」「エビ」「龍」のような動物反応が多くみられる。

　色彩と陰影の両方のショックを受けやすく，ここで不安も喚起されやすい。

【カードⅩ】

　最終図版であることは，被検者にも理解できており，またカードⅨよりも鮮明であることから，それまでの緊張がほぐれやすい。また明瞭に分離された D 領域が多いので反応数はもっとも多く，反応内容も豊富であり，D カードである。

　ことに動物反応はそのバラエティに富み，複数の領域に多様な動物が見られる。P 反応は D_1 の「クモ」「カニ」であり，「クモ」の Affect は Adis として示される。D_3 は「カブト虫」「カニ」，D_4 は「カエル」「シカ」，d_1 は「青虫」，d_2 は「ウサギの顔」という具合に，ある一定の D や d 領域に対してある一定の反応内容が生じることもある。そのほか，D_1 における「菊の花」，D_6 の「花」のような Flo 反応，W での「模様」「ピカソの絵」などの Orn 反応や Art 反応，「海底，いろんな動物が遊んでいる」のような Nat 反応，「春」というような Abs 反応などもよく出現する。

　臨床実践上は，予後カードともいわれ，ここでこれまでの揺れ動きをいかにして立て直していくかをみることが必要であろう。

　以上，10枚の図版がもつさまざまな刺激条件に規定されて，一般的にみられる反応やスコアを，そ

れぞれの図版特性としてみることができる。もちろんロールシャッハ刺激の多様性は，このような一義的な記述に多くの批判を喚起させるものではあろうが，これらの基準反応を一応念頭においたうえで，それからの偏りをも一つの手がかりとして，被検者の継列分析をすすめていくことは有効である。このように反応の継起に関する分析は，被検者が次々と直面する多彩な世界に対して，その心がどう揺さぶられ，また，どう凌いでいくのかについての自我のあり様を丁寧にみていくことになる。

3. 内容分析

　ロールシャッハ反応を分析して，これからいわゆるロールシャッハによるパーソナリティ像を組み立てていこうとする努力は，以上のような伝統的なスコアリングに基づく量的，また継列的な分析をとおしてすすめられていくとともに，Beck, S. J. が示した事例の中でのすぐれた分析からも教えられるような，内容分析の観点も重要である。Rorschach, H. 自身が強調した知覚の形式的側面の処理のみに終わらせず，投映法として位置づけられてきたねらいをも指向している。内容分析は，このような背景にたって，より深く被検者が当該刺激からいかにしてこの種の概念を形成してきたか，その過程の象徴的な意味を重視し，それに関する手がかりを与えようとするものである。

①まず注目したいのは反応内容の象徴的意味の取り扱いについてである。多くの被検者に知覚されうる動物について，従来の分類カテゴリーではAとして一括され，A％の多少を，反応内容の範囲の豊富さと対比して検討するにすぎなかった。しかし同じカードⅧの D_1 に動物をみても，それがトラ，ヒョウであるか，ネコもしくはヒツジのような動物であるか，などの知覚された内容によって，そこに投映される情緒的な意味あいは異なるはずである。なぜある被検者はこのように攻撃的イメージを有する動物を知覚し，別の被検者はどちらかといえば受動的，依存的態度を示す傾向の動物を選択するのであろうか，そしてこの種の傾向は一貫して10枚の図版に対する反応様式の中に投映されているはずである。こうした仮説として提出されている考えが，名大法の中で強い特色となっている。Affect のカテゴリーは，この観点に立って，これらの内容に伴う象徴的なニュアンスを量的にとらえようとしている。それらを反応内容と併せて分析していくことで解釈にも広がりがうまれる。

②反応内容の個々の心理学的意味づけについてはすでに述べたところであるが，とくにH反応の分析は，この反応の存否が対人関係の解釈と直接連なるものであるだけに留意する必要がある。大多数の人が知覚するような，たとえばカードⅢの平凡反応である D_1 における人間像の欠如は，臨床経験的には，何らかの対人関係の問題の所在を疑わせるものである。その場合さらにH反応がそのような平凡反応のみならず，ほとんど現れなかったとすれば，その疑いはいよいよ強まる。また，家族イメージ，被検者自身のイメージ図版選択とその理由も重要な視点をもたらす。

③平凡反応のあり方もこの内容の質的分析という観点からは重要である。どれくらいの平凡反応を知覚したかについて，反応数との比率をも考えねばならない。しかしこの平凡反応の高さは一般

的に常識性の指標であるが，あたりさわりのない外界との関係性も示すものということができる。一方，カードⅢの人間反応の欠如で考察したような，大部分の人が知覚する平凡反応（たとえばカードⅠ，ⅤのWのコウモリ，チョウ，あるいはカードⅧのD₁の動物像など）に失敗していることは，やはり何らかの形で正常反応からの逸脱とみることができるだろうし，何故にそれらの反応を知覚しなかった，あるいは知覚したとしても，それを反応化しなかったかについての検討をすすめることが必要である。

4. 総合的解釈

　ロールシャッハ法は，被検者となったその人について，量的分析と質的分析のどちらからもアプローチ可能な人間理解の方法である。具体的には，本章で述べてきたような，形式分析，継列分析，内容分析の視点から，被検者の反応を，さらに広くはロールシャッハ行動というものを分析していくことができる。そうした分析によって示された知見は，特徴の羅列やモザイク的な記述にとどめず，次の段階として，全体を統合させ，いわゆるロールシャッハ・パーソナリティが浮き彫りになるような解釈へと迫っていくものでなければならない。

　これらの解釈にあたっての多くの研究者たちがそれぞれの立場から，幾多の解釈仮説をうち出している。名大法もまた，村松・村上（1958）に始まる多年にわたる臨床経験を通してロールシャッハ像接近への歩みを探索的に続け，現在の総合的解釈の視点の提起へと至っている。すなわち，まずは形式分析として（1）知的機能の側面，（2）情意的側面，（3）対人的側面と，大きく三つに分けて検討したうえで，継列分析，内容分析からの解釈を加え，ロールシャッハ・パーソナリティとしてまとめあげるものである。総合的解釈の視点を以下に述べておく。

知的機能の側面

　一般にロールシャッハ法による知的能力の評価は，主として知覚過程および思考過程の適切さ，すなわち刺激に対する概念形成の正確度，判断や説明の論理性，結合的総合的知覚の可能性などにもとづくものであり，その意味で形態水準は重要な指標と考えられる。また，思考・言語カテゴリーを用いることにより，さらに質的な検討が可能である。

　具体的には，生産性，機敏性，課題対処，現実認知，興味・関心，要求水準，空想・想像力，批判性などが，知的機能のあらわれといえる。それぞれについては1節の形式分析のところで詳述した。こうした知的機能が，どのような場面（環境）で生じやすい，あるいは生じにくいのかを継列分析によって明らかにすることが重要である。

情意的側面

　「情意」という言葉には，感情や情緒，関心や意欲，意志などが含まれており，それぞれの人がも

つ情緒や感情の特質（感じ方や表出の仕方）も視野に入れている。1節の形式分析では，客観性と冷静さ，外的反応性，外的統制，内的統制，体験型，感情のあり方について解説した。

　ロールシャッハ法に現れる自我（ego）の働きをみていく際に重視されるのが，統制（control）の機能であると考えられる。Beck, S. J. は F+ を，意識的注意と弁別的判断によって思考を方向づける能力，すなわち意識的統制をあらわすという点から自我の指標の中核においた。Klopfer, B. は，統制とは人間の適応における抑制的な側面であるとしている。現実の事態の中で起きてくる危険を避けながら，欲求を充足できるようにしていくためには，情意的表出を衝動的に行うことを抑えていかねばならない。しかし抑制しすぎる場合には，それらの欲求の充足のみならず，創造性の発揮を制止してしまうようなことも生ずる。自己統制を衝動とのバランスでみていくことが，ほどよい適応の指標として重要である。Rorschach, H. 以来，内的統制，外的統制といった観点からの考察，体験型の分析が重視されている。

　情緒的資質や表出という点について形式分析では，反応拒否，反応数，初発反応時間など検査課題への入り込みからの検討が可能である。さらにまた，パーソナリティの内部にひそむ不安や抑うつ，緊張感などを陰影反応のそれぞれから分析がなされ得るし，名大法独自の感情カテゴリーはその人のもつ情緒の特質が示されるであろう。ここでもまた，継列分析や内容分析により，場面や環境との関連をみることが重要である。

対人的側面

　Rorschach, H. はロールシャッハ法を知覚の検査だと位置づけており，その後の諸家の立場においても，ロールシャッハ人格像をみるうえで具体的な反応内容についての検討はどちらかといえば重視されてこなかった。したがって，対人関係の分析・解釈などといった内容的側面については，これを他の検査，たとえば TAT とか SCT などに委ねるという傾向がみられていた。名大法は，具体的な臨床事例の解釈においてとくに有益と考えられる対人関係をとりあげ，総合的解釈の三本柱にも含めている。

　もちろん形式分析にもとづく検討によっても，こうした対人関係の問題をうかがうに十分な素材をもつことはできる。1節では，対人的関心，共感性，常識的思考，愛情欲求，自己像，家族関係の指標をとりあげた。感情カテゴリーにおける敵意感情・依存感情などの検討や思考・言語カテゴリーにおけるコミュニケーションの特徴についての検討を通して，相当直接に被検者の対人関係の特徴を描き出すことが可能だと考えられる。

　さらに，自己イメージや家族イメージ図版の選択のあり方は，対人的側面からのロールシャッハ解釈に具体的な内容をもたらし，理解を助けてくれるであろう。

全体的人物像の解釈

　知的機能の側面，情意的側面，対人的側面という三つの側面からパーソナリティをとらえるには，まず形式分析により基本的な特徴をおさえたうえで，継列分析や内容分析を行ってどの図版でどのよ

うな行動・現象が生じるのかをみていくとよい。反応一覧表を概観し，たとえば，全体としてある特定のスコアが多く出現するプロトコルにおいて，特定の図版のみ異なる傾向がみられた場合，その図版がどのような刺激となったのか，その人にとってどういう場面に相当するのか，など意味を検討することによって，日常の行動や問題発生のメカニズムを知る手がかりとなるだろう。

　得られた結果をもとに，人物像解釈を行う。全体像としての「人となり」（どういう人なのか。パーソナリティや行動傾向），臨床事例であれば適応の状況（病理水準や健康な部分の見立て，今後の見通し等）も含めて，所見レポートとしてまとめていく。分析から解釈に向かう過程で留意すべき点として，次のようなことがあげられる。

　①本節冒頭でも述べたように，個々の特徴の単なる羅列にならないように気をつける。

　②スコアや指標の出現について，それが多い／少ないことが何故その解釈に結びつくのか，意味を知っておく。

　③検査結果から指摘できることと主観的な印象とを混同しない。

　④検査結果と日頃の行動や相談機関への来談主訴との関連を考え，生活史的な背景から理解する。

　所見レポートの記述スタイルは，検査実施の目的やフィードバック対象者によって異なるが，時折見受けられることとして，マニュアルに書かれたスコア等の意味づけを抜き出して，そのままつなげているような場合がある。検査者自身がわかっていないと生き生きした人物描写はできない。客観的に得られた知見をふまえつつも，現実のその人に即して記述していくことで，その後の関わりに役立つ解釈となっていく。

8章　実　践

　前章までは，名大法の実施方法，分類記号化（スコアリング），そしてそれをもとにした分析と解釈について解説をしてきた。ロールシャッハ法は，その実施において自由反応段階と質疑段階，そして限界吟味（Testing-the-limits）があり，被検者がインクブロットのどこに注目して反応生成をしたのか，それがどのような内容なのか，その反応は一体どのような特徴をもってそう見えたのか，あるいはインクブロットのどういった特徴がその反応生成に影響をしているのか，またそこに付加された感情はいかなるものか，といった多角的な視点をもって分類記号化と指標の算出がなされる。そして，それにもとづいて形式分析，継列分析，内容分析を行い，総合的解釈に至る。

　この理解を前提として，実践現場にてロールシャッハ法を実施することになるが，本章では，可能な限り詳細にその様相について述べていく。ここでは「仮想事例」をあげて，分析と解釈を試みる。また，これらの結果をふまえたフィードバックまでも想定して具体例を示すことで，実践活動に対する理解を深めることを目的とする。

1. 総　論

（1）心理アセスメントの流れ

　心理臨床実践現場において，心理アセスメントの実施に際しては，ロールシャッハ法のみならず，複数の心理検査を組み合わせてテストバッテリーを組み，人の心の理解に迫ろうとするのである。たとえば，神経発達症が考えられる場合には，このテストバッテリーに知能検査や発達障害に関する検査が組み込まれることも多い。また，無意識の理解には，その深さにもレベルがあり，「投映水準」に応じてさらに別の投映法（SCT, P-Fスタディ，描画法など）をも組み合わせ，クライエントを理解していこうとする。ロールシャッハ法は，多面的，多層的側面から理解が可能なため，パーソナリティ理解における重心を担う。

　心理アセスメントの依頼からフィードバックまで，簡単にその流れをまとめると次のようになる。まず，心理アセスメントの依頼を受けると，その依頼目的や内容によって，さらにはクライエントの主訴，問題に応じてテストバッテリーを組み，依頼者との話し合いがなされることが望ましい。そのためには多くの心理検査について，その適用や限界を把握している必要がある。

　こうした準備が整ってはじめて，検査者は被検者（ここでは，以下，クライエント）と出会う。本書1章の冒頭にあるように，検査室を椅子の位置や照明に至るまで丁寧にしつらえた後に，クライエントの緊張や不安を理解して，少しでも平常の様子から受検できるようにラポール（rapport）を形成する。安心できる関係をもつようにしながら，検査の導入面接を行い，面接や観察によるアセスメントから見立ての仮説を立て，どの検査から導入が可能か検査の施行順序を決定する。テストバッテリーを組んだ際の検査順序については，より深い無意識レベルを理解するロールシャッハ法をはじめに行う，あるいは知能や発達のレベルを理解する検査から，また描画法によって，退行したクライエントの心を理解することから始めるなど，臨床家とその理論的背景によって方針が異なる。しかし，クライエントの病態を鑑みて導入可能なものからという現場での状況は重視すべきである。初心者にとっては，この順序も含めて丁寧に検討することが臨床感覚を養ううえでも必要である。現場によって推奨されている手順があれば，なぜこうした順序がよいといわれているのか，自分自身で再吟味が必要である。

　心理検査を実施したことで，検査者は，クライエントとのコミュニケーションの在り方や対人関係理解がすすみ，その検査結果と関係性の理解から，次の検査が予定通り遂行可能かどうかの検討を行う。そうして予定通りの手順で検査が実施される場合と，予定変更が必要と感じられ，新たな検査が加わったり，当初予定されていた後続の検査が実施されなかったりすることもありうる。

　これら一連の心理検査と，その折々の面接やクライエントの様子も含めて心理アセスメントの素材が揃う。各心理検査が分析され，総合的な解釈がなされたら依頼者へ報告する。そしてクライエントへのフィードバックが行われて，一連の心理アセスメントが完了するのである。

　ロールシャッハ法は，テストバッテリーを組む際の中核的な検査である。それを中心とした検査結果をどのように所見としてまとめ，誰にどのようにフィードバックするかということはもっとも重要であり，さまざまな現場に出てからも，専門家として実践的学びが必要なところといえる。専門職として実践現場で活動するためには，生涯学びの姿勢が求められるものである。

　続いて報告書の書き方とフィードバックについて，まとめておく。

（2）報告書の書き方

　ロールシャッハ法から読み取れたことすべてを書こうとすると，内容が冗長になったり，各視点をつなぎ合わせるだけの内容になったりして，結局クライエントがどういう人で，どう治療・処遇・支援などをするのが望ましいのかがわからないような報告書になってしまう。依頼目的に応えるように，ロールシャッハ法から読み取れた主だった特徴とその心理アセスメント上の意味，またそこからどのような治療・処遇・支援が予測されるか等も念頭に置きながら，文章を構成していくことが重要である。その結果，読み手の頭の中にクライエント像が思い浮かぶような報告書になるのが望ましい。

　報告書を書くに当たっての具体的なポイントは，まず依頼者にわかる言葉で書くことである。いわゆるロールシャッハ用語（「体験型」，「内的統制」など）は，ロールシャッハ法を学んだ者の間でしか通用しないものもある。私たちから見て価値ある情報であっても，多くの読み手にとっては意味不明

な情報ということになってしまう。どのような現場でも，読み手である他職種が理解できるように，その現場で共有されている用語で書かれるべきである。たとえば医療現場であれば，医学の専門用語を学んでおき，それと結び付けて報告書を書くとよい。上記にあげたロールシャッハ用語を入れる際にも，適宜解説を添えながら，全体として明快な文章にまとめる。日本語としてわかりやすいことが，大前提である。提出する前に，読み手の立場になって読み直してみて，文意が伝わるかどうかチェックするとよい。

　クライエントに対しては，フィードバックを目的とした面接を行うことが望ましい。しかし，現場によっては，報告書を作成して手渡すことがある。口頭の場合でも書面の場合でも，クライエントの傷つきが少なく，利益が多くなるように配慮すべきである。そのためには，クライエントに理解・受容できるように書くこと，クライエントの健常な側面（強み）に言及すること，クライエントが自分なりの対処法を編み出せるようなヒントを含めること，などが重要である。そこで，検査者は，「クライエントが理解・受容できる範囲」を予測する，まさにそのために，ロールシャッハ法の結果を用いることになる。つまり，クライエントに伝える内容とその伝え方の両方に，ロールシャッハ法から得られた結果を用いることになる。

(3) フィードバックの留意点

　クライエントに直接，結果を伝えるときには，クライエントがその内容をどの程度理解・受容できるのかをその場でチェックしながら，話し合うことが可能である。また，その後の治療にどう影響するかを考えながら，伝えることも重要である。実際に結果を伝える場では，まずクライエント自身が意識的に自覚できているであろうところから伝えて，クライエントの感想を聞き，クライエントの反応を確認し，その後の影響を見極めながら，やや深い側面を伝える，というようにやり取りをしつつ伝えることが望ましい。そのやり取りそのものが，心理療法に近い関わりとなる。

　ロールシャッハ法も含めて，心理検査でクライエントの心の状態のすべてがわかるわけではない。心理検査でわかったことがすべて正解でもない。心理検査上の情報を告知するだけで事足るとするならば，クライエントにセラピスト側の枠組みを押し付けたにすぎず，クライエントの害にこそなれ利益にはならない。ロールシャッハ法をはじめ心理検査でわかることは，クライエントの心の一断面にすぎないことを，検査者は心に留めておきたい。このフィードバックの留意点については，髙橋（2024）に詳述している。

　さて，次に本章では事例を用いて，3〜7章で解説したスコアリングと分析・解釈の実際を学ぶ。テストバッテリーを組んだ総合的なアセスメントではなく，ロールシャッハ法の実施例であり，本事例は，筆者らが出会ったクライエントのロールシャッハ反応をもとに創作した仮想のものである。ただし，仮想事例ではあっても，内容その他の情報については本法を学ぶ者の守秘義務として慎重に扱ってほしい。ロールシャッハ・プロトコルとは「人そのもの」だからである。

2. 仮想事例の概要とロールシャッハ記録

　次頁から，仮想事例Aさんのロールシャッハ記録を示す。ただし，スコアリングは未記入である。スコアリング結果は，3節（p. 146）の一覧表で記載してあるが，それを見る前に，ここではまず練習問題として自分でスコアしてみよう。迷うところもあると思うが，なぜそのスコアを選択したか理由を考えておき，その後に他の臨床家とも話し合ってみるとよい。

【クライエント】

　女性。19歳（大学1年生）。実家では，両親と妹との4人暮らし。今は一人暮らしをしている。

【検査依頼の経過】

　出生時や幼児期の発達に特記すべき問題はない。小中学校では，態度は真面目で成績も良かった。高校では時々学校を休むことはあったが，成績が大きく下がることはなく，他県の大学に進学した。入学後，周囲の学生に馴染めず，自信をなくし，休みがちとなった。一人でいても大学のことやこのまま通学できない場合の将来を考えると，不安で苦しくなったため，学生相談室を訪れた。不眠が続いていることもあり，精神科クリニックを紹介された。精神科クリニックで「適応障害」と診断され，見立てや今後の治療の参考にするために，心理検査の依頼があった。

【記録用紙へのスコア記入のポイント】

　次頁からのAさんのロールシャッハ記録には，自由反応段階および質疑段階での発言や行動，検査者の質問などのみを記載している。ここに，以下のことを参考にしながらスコアを記入してみよう。

　a. まずは反応を特定する。一つの図版に複数の反応が出ているプロトコルの場合，①，②，と番号をふってもよい。

　b. 各反応について，反応領域（Location），決定因（Determinant），形態水準，反応内容（Content），P反応の有無，感情カテゴリーをスコアして記入する。一つの反応に対してこれらのスコアが横に並ぶように書く。なお，反応領域について書き込みをしたロケーション図を，pp. 141-143に示した。実施時にこのように図を活用して記録しておくとよい。

　c. 思考・言語カテゴリーについては，反応ごとではなく，それ以外の言動も含めてスコアする。

　d. スコアリングが完了したら，反応一覧表に転記し，指標の算出を行うが，反応一覧表・スコア一覧は既に記入したものをpp. 146-149に掲載している。スコアリングの練習をした後で見てほしい。

Card Ⅰ

時間	位置	自由反応段階	質疑段階	領域・org	決定因	±	反応内容	P	感情	思考・言語
3″	∧	**コウモリ** 〈他にあれば…〉 えーっと…	〈コウモリと仰っていましたが，そう見えたのは？〉**バーッと羽を広げた**感じがします。 〈どこ？〉ここ（輪郭（**D₃₊₃**）をなぞる）。〈コウモリらしさ？〉うーん，全体の恰好，かな？							
	∧	**キツネの顔**にも見えます。	〈キツネの顔というのは？〉ここが目で，ここが口（**DdS₅**）。目がギラッと光って，口もニタッと笑っているような感じ。〈キツネらしさ？〉顔の輪郭がとんがっていて，耳も大きい（また（**D₃₊₃**）輪郭をなぞる）。							
	∨	こう見てもいいですか？〈どうぞ〉 ……								
40″		やっぱり，それだけ。								

時間	位置	自由反応段階	質疑段階	領域・org	決定因	±	反応内容	P	感情	思考・言語
5″	∧	**内臓を手術してるところ。**（笑）	〈内臓を手術しているところに見えたのは？〉ここ（**D**$_{3+3+4}$）が目について，赤いから**血**じゃないかと。体のこの辺（自分の腹部を示す），黒いところがね。血が出てるから手術と考えました。							
	∨	なんだろう。								
	◉	（図版をグルグル回す）								
1′05″	∧	うーん，…（笑）〈何でもいいですよ，見えたものを言ってください〉一つのものにしか見えない。ダメですか？〈ご自由に〉それくらいです。								

No.

Card III	時間	位置	自由反応段階	質疑段階	領域・org	決定因	＋−	反応内容	P	感情	思考・言語
	40″	∧ ∨ ∧	… なんか、人みたい。 (小声になる) 人がニ 人、向き合ってるみ たいです。	〈人がニ人向き合って？〉ここここ (D1+1) が人。向き合って踊っているみたい。頭で体で、手と足です。							
	1′40″	∨	反対から見ると、こ れも人みたい。背中 を合わせて足を上げ ているみたい。	〈反対から見ると、これも人？〉今度はここ (D8) が頭で、足あげて (D5)、踊ってる。やはりニ人。 赤いのは何だろう？……人は黒人。色も黒いし、頭の恰好が似ている。さっきの人も同じです。							

時間	位置	自由反応段階	質疑段階	領域・org	決定因	±	反応内容	P	感情	思考・言語
20″	∧	えーと。**イヌの顔を真正面から見たみたい**，にも見えるし…。	〈イヌの顔？〉**正面からベシャっと潰したような顔。毛がモジャモジャのイヌ**です。（ブロット内部を指でなぞりながら）このへんフワフワした感じで…。〈もう少し詳しく説明してください〉目（**Dd**）で，耳（**d₂**），鼻（**D₁**）。							
	∨ ∧	（図版を近づけて見る）うん，そんな感じです。動物の顔。								
	∧	**大男**に見える。**下から見上げ**ている感じです。	〈大男？〉足が大きい（**D₄**）ので，下から見上げてるみたい。頭の方が小さい。こわい感じですね。							
1′25″										

D₂はD₁を含む
D₅はD₄を含む

No.

時間	位置	自由反応段階	質疑段階	領域・org	決定因	＋−	反応内容	P	感情	思考・言語
Card V										
12″	∧	カトレアの花（そうと言う）。	〈カトレアの花？〉あ、影かなぁ。〈影？〉うん、黒いから。							
45″	∨	チョウにも見えます。うん、さっきの花は色が黒いから、花びらの影。色は関係ないですか？〈自由に見てください〉	〈チョウにも？〉羽広げてとまってる。とまったら羽を閉じてるはずだけど。あ、標本になってるんだ。動きは感じなかった。							

Card VI　　　　　　　　　　　　　　　　　　　　　　　　　　　　　　No.

時間	位置	自由反応段階	質疑段階	領域・org	決定因	±	反応内容	P	感情	思考・言語
	∧ ∨	うーん。（図版を近づけたり，首傾げたり，膝に図版乗せて見たりする）何かなぁ…。								
1′40″	∧	**ネコが**ですね，**着物着てる**みたい（笑）。	〈ネコが着物着てるみたい？〉ここ（**D₁**）がネコの顔に見えました。ヒゲがあって。おかしいけど着物を着てる。〈？〉こう袖で（**D₅**），**ちょこんと立ってる**ところ。							
2′15″	∨	何かの大きい葉っぱにも見える。わかんないですね…，これは。	〈何かの大きい葉っぱ？〉これ（**D₂**）だけ。あまり見えないですけど，葉っぱにしては，いびつだから。あ，今こっちから見ると，**ウシかヤギの顔**。でも角がない。〈？〉耳で，この辺（**Dd**）に目がある，口。							

時間	位置	自由反応段階	質疑段階	領域・org	決定因	±	反応内容	P	感情	思考・言語
	∧ ∨	うーん，（ため息をつき，図版を近づけたり，遠ざけたり，首傾げたり）								
	∧ ∨									
1′20″	∧	何か，**二人の女の子**が，胸から上なんだけど，**向き合っている**みたいです。	〈二人の女の子が向き合っているみたい？〉ここ（D₂₊₂）が顔，**髪の毛がピョンと上がってる。**〈どうして女の子に？〉ポニーテールだから。〈どこまで？〉これだけ（D₁₊₁）。置物みたい。							
1′55″	∨	何か，**門**って言うか…（門の形を示すジェスチャー）	〈門？〉全体かなぁ。うーん，なんとなく，**竜宮城みたいな門**。							

8章❖実践

No.

Card Ⅷ

時間	位置	自由反応段階	質疑段階	領域・org	決定因	+/−	反応内容	P	感情	思考・言語
	＜ ＞	(片手で持つ) うーん、(顔の前まで持ち上げて見る)								
45″	＞	これ、**お花**みたいです。	〈お花?〉ここのところ (D₂)。〈なぜ、花?〉…花びら (指さす)、で、うーん、あまり自信ありませんけど。							
1′10″	＜	こうすると、**木のそばに二匹のクマ**がいるみたい。(笑) その〈クマ?〉くらい	〈木のそばに二匹のクマ?〉ここ (D₅) が木。形からクリスマス・ツリーみたい。で、ここに (D₁) クマが立ってる。頭で足で。							

No.

Card IX

時間	位置	自由反応段階	質疑段階	領域・org	決定因	＋／－	反応内容	P	感情	思考・言語
	∧ ∨ ∧ ∨ ∨	（片手で図版を持ち、もう一方の手は口元へ）－そういえば最初から、この動作は多かったとデフスター気づく〈　〉（首傾げ、時々足踏み）わからないです。								
1′50″	∧	強いて言うなら、絵が水でにじんじゃってるみたいな。**水彩画**のような感じですが。何かを描いたみたい。	〈絵がにじんじ？〉何かわからないけど。抽象画みたいな、いろんな色がある。水彩画のような感じ。絵の具みたいな。							
2′30″			今見ると、何だろう？**サルがかつら**つけてるみたい。（DS4）が顔。目があって。							

DS7, D1, D3, D10, D12, DS4, DS11, D13, D8, D5, D2, D3+3＝D6, D1+3＝D9

No.

Card X

時間	位置	自由反応段階	質疑段階	領域・org	決定因	+−	反応内容	P	感情	思考・言語
1'00"	∨ > ∧	なんか… 真ん中に顔があるみたい。	〈顔があるみたい?〉これ (D_{7+7}) が目。これ (D_{12}) が口。人間の顔か動物の顔か、何の顔かよくわからない。							
2'05"	∨	〈首傾げ, 机に図版を立てて見る〉あまりよくわからない。								
2'45"	∨	何か、ところどころに小さい虫がゴニョゴニョ動き回っているみたい。ゴキブリとかアメーバ。	〈小さい虫がゴニョゴニョ動き回っているか?〉何かアメーバとかゴキブリとかあって (D_{5+5}), 虫か液体があってその中に入ったり出たりして、汚い色の水になったって感じ。〈虫?〉これ (D_3) とかこれ (D_1) とか…他も全部。緑の虫もいます (D_{11})。							

$D_{14}=D_{5+5+10}$
D_2はD_{3+3}を含む

（2）仮想事例　Ａさんのロケーション図

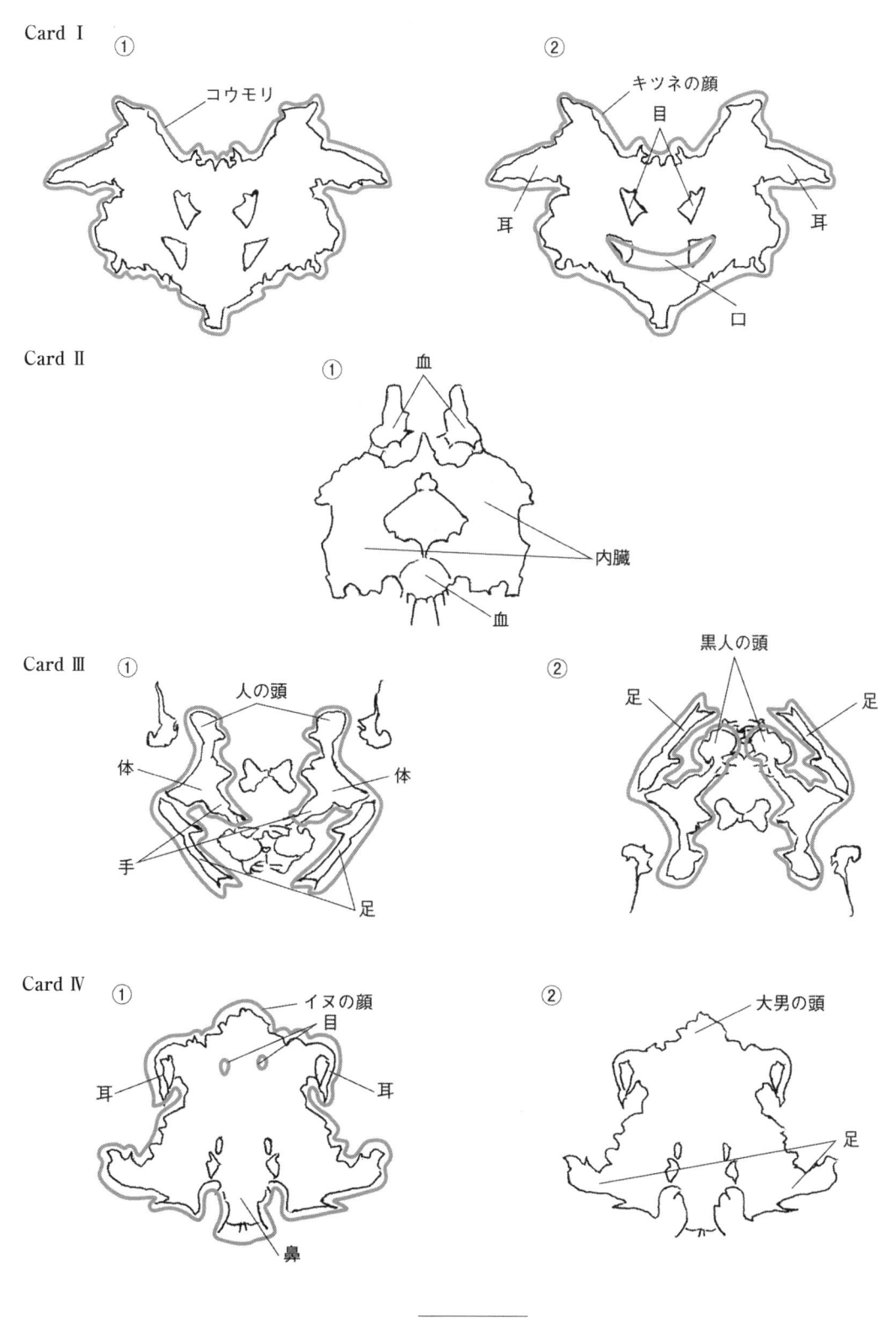

Card V

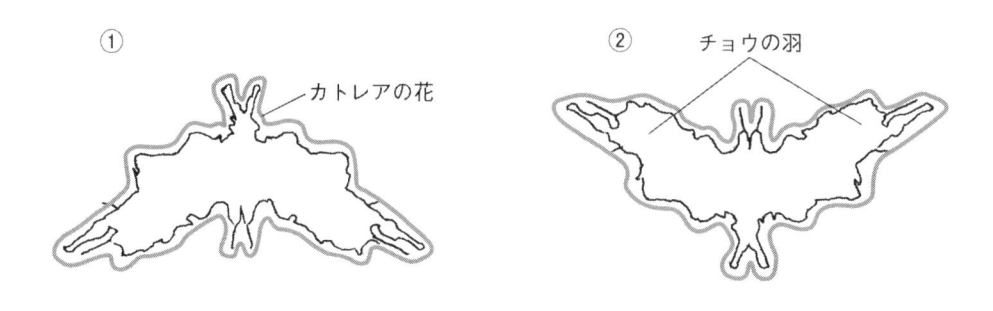

Card Ⅵ

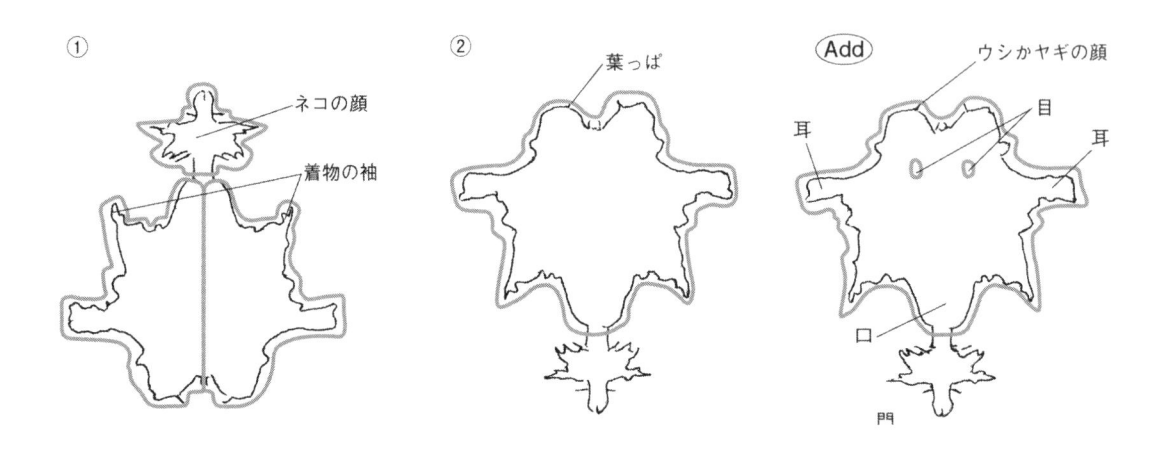

Card Ⅶ

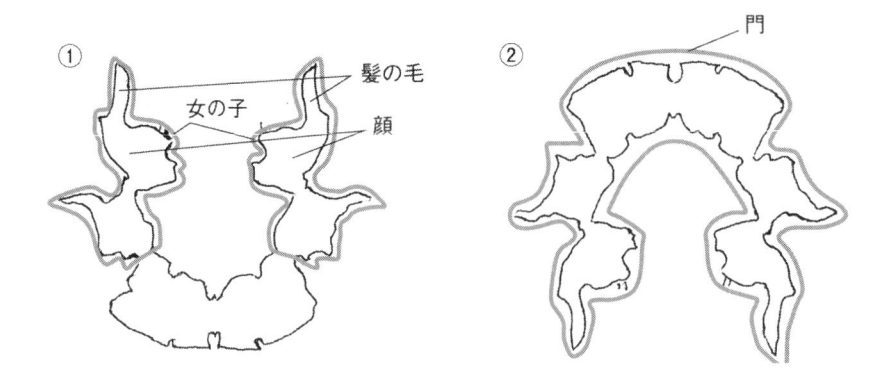

Card Ⅷ

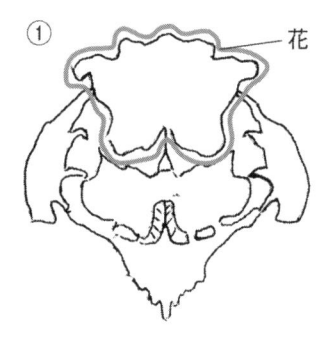

① 花

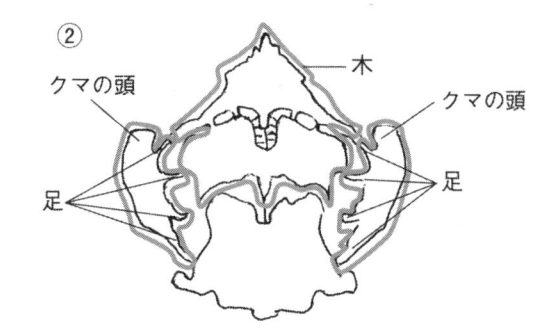

② 木
クマの頭　クマの頭
足　足

Card Ⅸ

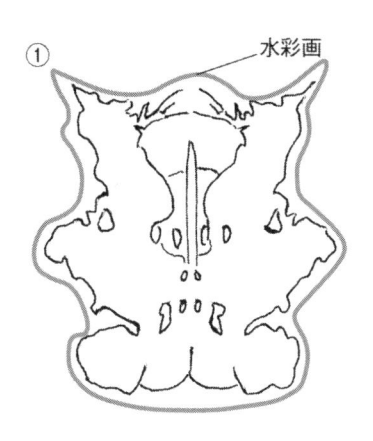

① 水彩画

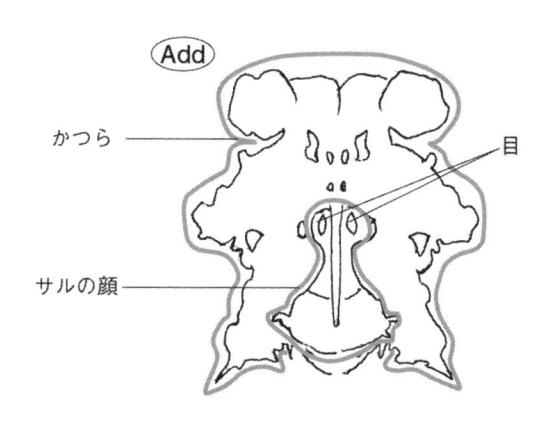

Add
かつら
目
サルの顔

Card Ⅹ

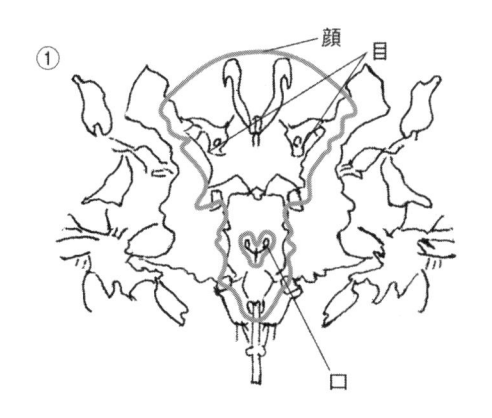

① 顔　目
口

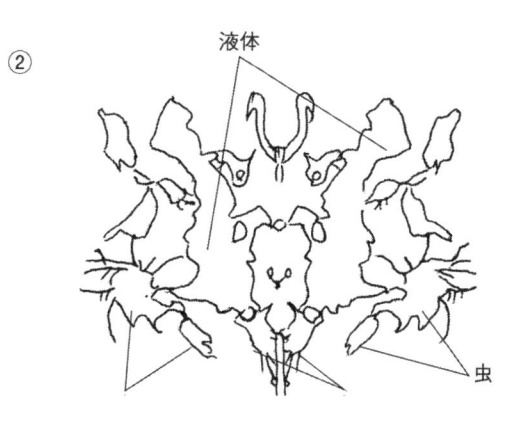

② 液体
虫

検査後のインタビューとして，イメージ図版および検査実施の感想を尋ねた。

(MLC)	V	黒が好きだから。黒一色の花が好き，ということもあって。
(MDC)	IX	一番わからないから。
(SIC)	V	（自分が好き？）うーん，もちろん嫌いなとこもあるけど，好きな方に入るのかな。諦めかなぁ。
(FIC)	IV	ちょっと遠い感じの存在ですかね。家にいないときも多かったし。
(MIC)	VII	女の子に見える。子どもっぽい感じで，わがままかなぁっていうときもありますね。
(YSIC)	VII	元気な女の子のイメージで。
(感想)		わからないことが多くて…。これで性格がわかるんですか？　私って他人からわかりやすい性格だって言われるんです。単純だって言われる。でも，そうじゃないんだ！って思うこともあります。甘えん坊に見られやすい。とくにこっちへ来てからは。（本当は甘えたかったのですか？）なのに，今までは，甘えられなかったんじゃないかと。下（妹）がいるからですかね。

【テスターの感想】

　意欲的に取り組んでいた。が，検査中は，かなり緊張して苦労している様子もうかがわれた。「うーん，何だろう？」と一生懸命考えていた。抵抗はあまりなさそうに思われたが，「赤→血→手術」の連想や，ユーモラスな動物の姿などを反応するときは，照れているのか少し微笑んでいる。不安を感じやすい，神経質なところもありそうだ。

（3）事例の分析からフィードバックまで

　ロールシャッハ法の結果から A さんの人物像を描き出すために，まずは記録を整理する。この頁は記録用紙の「表紙」を，次頁以降には「反応一覧表」,「スコア一覧」,「形式分析」,「思考・言語カテゴリー」の一覧表を示した。記載の仕方として参考にしてほしい。

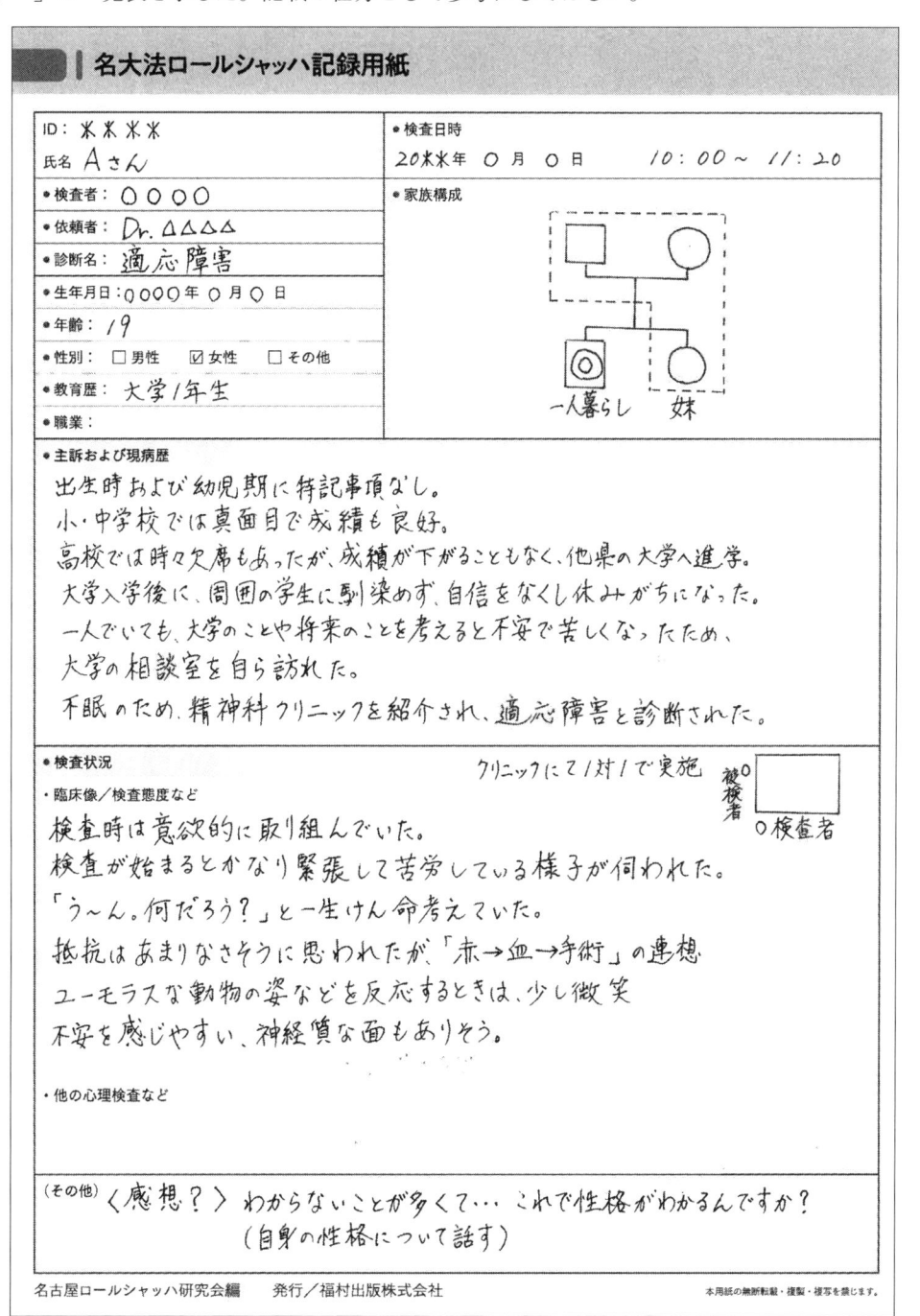

A さんの反応一覧表を示す。10 枚の実施記録（ブランクシート）から反応とスコアを転記した一覧表が，左側の p. 146 である。そして，各反応のスコア一覧が p. 147 である。p. 148 に形式分析，p. 149 に思考・言語カテゴリーを示した。

このように，一覧表・集計表を作成することにより，スムーズに形式分析を行うことが可能になるとともに，10 枚の反応のプロセスをながめて継列分析のポイントをつかむこともできる。

反応一覧表

－1－

図版	時間	位置	反応	領域・org	決定因	±	反応内容	P	感情	思考・言語
Ⅰ	3″	∧	①コウモリ（パーッと羽を広げた）	W	FMa	＋	A	P	N	
	40″	∧	②キツネの顔（ニタッと笑って）	WS(se)	M′a	＋	Ad		Mor	(51) ㉝
Ⅱ	5″ 1′05″	∧	①内臓を手術している（赤、血）	WA	CF	−	Bl・Atf		Hha・Bf	(54) ㉝
Ⅲ	40″	∧	①人が二人、向き合ってる（踊ってる）	D1+1B	Ma・FC′	＋	H・Rec	P	Prec	(51)
	1′40″	∨	②人が背中合わせ足を上げてる（黒人、さっきのも）	D3	Ma・FC′	＋	H・Rec		Prec	(51)
Ⅳ	20″	∧	①イヌの顔を正面から（毛がモジャモジャ）	W	FT	＋	Ad		N	(51)
	1′25″	∧	②大男（下から見上げてる）こわい	W	FV	＋	H/		Athr	㊿(51)
Ⅴ	12″	∧	①カトレアの花（影？黒い）	W	FC′・FY	−	Flo		Acnph	㉟(51)
	45″	∨	②チョウ（標本）	W	F	＋	A′・Sc	P	N	㉟(51)㉝
Ⅵ	1′40″	∧	①ネコが着物着てる（ちょこんと立ってる）	W	M′i	＋	A・Cg		Dch	㉜(80)
	2′15″	∨	②大きい葉っぱ	D2	F	＋	Bot		N	㉜(51)
Ⅶ	1′20″	∧	①二人の女の子、向き合ってる（置物）	D1+1	Mp	＋	H′・Orn		N	(51)
	1′55″	∨	②門（竜宮城）	W	F	−	Arch		Dch	(51)
Ⅷ	45″	∨	①お花	D2	F	＋	Flo	P	N	㉜
	1′10″	∧	②木のそばに二匹のクマ（緑、クリスマスツリー）（立ってる）	D1+1+5B	FMi・FC	＋	A・Bot・Rec	P	Dch・Pch	(51)
Ⅸ	1′50″ 2′38″	∧	①水彩画（いろんな色）	WA	C		Art		Aev	㉜
Ⅹ	1′08″	∨	①顔（何かわからない）	DdS(dr)(se)	F	−	Hd/		N	㉜㊶
	2′45″	∧	②小さい虫が動き回ってる ゴキブリ、アメーバ（汚い色の水）	WB	FMa・CF	−	A・Nat		Adis	(80)
Add										
Ⅵ		∨	牛かヤギの顔（角がない）	D2	F	−	Ad		Hhad	㉞
Ⅸ		∨	サルがカツラつけてる	WS(se)	F	−	Ad・Cg		N	㉞(80)

本用紙の無断転載・複製・複写を禁じます。

　反応一覧表の決定因については，この表では，形態反応・運動反応をセルの左寄りに，その他を右寄りに記入してある。思考・言語カテゴリーは，反応単位でスコアするものではないが，関連する反応や発言のところに記入してある。それぞれ記入する位置は，集計等を考慮して工夫してよい。

スコア一覧　　　　　　　　　　　　　　　　　　　　　　　　　　　－2－

総反応数

R	18

反応領域

	N	%
W (W̄, DW)	11	61.1
D	6	33.3
d	0	
Dd	1	5.6

(dr: 1 ,dd: ,di: ,de:)
org % = 27.8　A: 2　B: 3
S: 2　(e: 2 ,o: ,i:)

継起型

I	W, WS	ⓦ/ u
II	W	ⓦ/ u
III	D, D	ⓓ/ u
IV	W, W	ⓦ/ u
V	W, W	ⓦ/ u
VI	W, D	ⓦ/ u
VII	D, W	ⓓ/ u
VIII	D, D	ⓓ/ u
IX	W	ⓦ/ u
X	DdS, W	ⓓ/ u
systematic 計	10	

いずれかに√

rigid	10	√
orderly	7～9	
loose	3～6	
confused	0～2	

反応決定因

	N	Sum
F	5	5
M	3	5
M'	2	
FM	3	3
Fm		
mF		
m		
FV	1	
VF		1
V		
FY	1	
YF		1
Y		
FT	1	
TF		1
T		
FC'	3	
C'F		3
C'		
FC	1	
F/C		
CF	2	
C/F		2
C	1	
Csym		1

反応内容

		N	√
A	(Animal)	4	
Ad	(detail)	2	
A/	(Strange A)		√
Ad/	(Strange Ad)		
Aob	(Object)		
A'		1	
	計	7	
H	(Human)	2	
Hd	(Hde, Hdt を含む)		
H/	(Strange H)	1	√
Hd/	(Strange Hd)	1	
H'		1	
Mask			
	計	5	
Bl	(Blood)	1	
X-ray			
Atb	(Bone At.)		√
Atf	(Flesh At.)	1	
Dis	(Disease)		
Sex			
Anal			
Death			
Fd	(Food)		
Cg	(Clothing)	1	√
Emb	(Emblem)		
Orn	(Ornaments)	1	√
Stat	(Statue)		
Art		1	√
Mu	(Music)		
Rec	(Recreation)	3	√
Toy			
Imp	(Implement)		
Hh	(Household)		
Tr	(Transport)		
Sc	(Science)	1	√
Voc	(Vocation)		
Rel	(Religion)		
Myt	(Mythology)		
Antq	(Antiquity)		
Anth	(Anthropology)		
Bot	(Botany)	2	√
Flo	(Flower)	2	
Nat	(Nature)	1	√
Cave			
Geo	(Geography)		
Lds	(Landscape)		
Fnt	(Fountain)		
Arch	(Architecture)	1	√
War			
Exp	(Explosion)		
Fl	(Fire)		
Li	(Light)		
Sm	(Smoke)		
Cl	(Cloud)		
St	(Stain)		
Sign			
Abs	(Abstraction)		
Miscellaneous			
	Content Range	11	

感情カテゴリー

		N	%
Hostility（敵意感情）		1	7.7 %
Hor	(oral)		
Hdpr	(depreciatory)		
HH	(direct hostile)		
Hcmpt	(competitive)		
Hh	(indirect hostile)		
Hha	(indirect hostile-anxious)	1	
Hhat	(tension)		
Hhad	(distorted)		
Hsm	(sado-masochistic)		
Hden	(denial of hostility)		
Anxiety（不安感情）		4	30.8 %
Athr	(threatening)		
Acnph	(counterphobic)	1	
Aobs	(obsessive)		
Adef	(defensive)		
Aev	(evasive)		
Adif	(diffuse)		
Adis	(disgusting)		
Agl	(depressive gloomy)		
Abal	(unbalanced)		
Acon	(confusion)		
Asex	(sex of figures)		
Adeh	(dehumanization)		
Afant	(fantastic or weird)		
Bodily Preoccupation（身体的関心）		1	7.7 %
Bb	(bone)		
Bf	(flesh)	1	
Bn	(neural)		
Bs	(sexual anatomy)		
Bso	(sexual organs)		
Ban	(anal)		
Bdi	(disease)		
Bch	(childbirth)		
Total Unpleasant		6	46.2 %
Dependency（依存感情）		3	23.1 %
Df	(fetal)		
Dor	(oral)		
Dcl	(clinging)		
Dsec	(security)		
Dch	(childishly toned)	3	
Dlo	(longing)		
Drel	(religious)		
Daut	(authority)		
Dsub	(submissive)		
Positive Feeling（快的感情）		3	23.1 %
Por	(oral)		
Ps	(sensual)		
Pnar	(narcissistic)		
Pch	(childish)	1	
Prec	(recreation)	2	
Pnat	(nature)		
Porn	(ornaments)		
Pst	(striving)		
Pcpt	(co-operative)		
Pden	(denial of positive)		
Miscellaneous（その他）		1	7.7 %
Mor	(oral)	1	
Man	(anal)		
Msex	(sexual)		
Mpret	(pretentious)		
Mgrand	(grandiose)		
Mi	(indefinite)		
Affect Total		13	
Neutral（中性感情）		7	38.9 %

▍形式分析
−3−

知的機能の側面	情意的側面	対人的側面
R = 18 T/IR = 47″5 T/ch（彩色）=52″0 , T/ach（無彩色）=43″0 〈把握型〉 W :(D): d : Dd = 11 : 6 : 0 : 1 　　（%）= 61.1 : 33.3 : 0 : 5.6 S = 2 継起型 = rigid F+% = 60.0 % newF+% = 75.0 % R+% = 66.7 % P = 5 Content Range = 11 A% = 38.9 % W : M = 11 : 5 M = 5 (H+A) : (Hd+Ad) = 9 : 3	F% = 27.8 % F+% = 60.0 % newF+% = 75.0 % R+% = 66.7 % ΣC = 4 Ⅷ+Ⅸ+Ⅹ/R % = 27.8 % FC :(CF+C) = 1 : 3 M : FM = 5 : 3 M : (FM+m) = 5 : 3 M : ΣC = 5 : 4 (FM+m) : (T+C') = 3 : 4 感情カテゴリーの特徴 N% は平均的。 Anxiety が相対的に高い。	H% = 27.8 % M = 5 P = 5 T (FT, TF, T) = 1 自己像について： positive だが、反動形成 家族関係について： 父：距離が遠い 母：子どもっぽい 妹：元気

▍参考

Rejection = 0　Card : Tur% 33.3% Additional response : 2 (Ⅵ, Ⅸ) 思考・言語カテゴリーの特徴： 主に Defensive Attitude (12) と Fabulization Response (13)。	FM = 3　m = 0　C' = 3 V = 1　Y = 1　T = 1 感情カテゴリー： Neutral% = 38.9 , Total Unpleasant% = 46.2 Hostility% = 7.7 , Anxiety% = 30.8 , Bodily Preoccupation% = 7.7 Dependency% = 23.1 , Positive Feeling% = 23.1 Miscellaneous% = 7.7

〈イメージ図版〉
MLC：Ⅴ 黒が好きだから。黒一色の花が好きということもあって。

MDLC：Ⅸ 一番わからないから。

SIC：Ⅴ（自分が好き？）う～ん、もちろん嫌いなところもあるけど、好きな方に入るのかな。諦めがなあ。

FIC：Ⅳ ちょっと遠い感じの存在ですかね。家にいないときも多かったし。

MIC：Ⅶ 女の子に見える。子どもっぽい感じで、わがままかっていうときもありますね。
YSIC：Ⅶ 元気な女の子のイメージで。

本用紙の無断転載・複製・複写を禁じます。

思考・言語カテゴリー

－4－

(1) Constrictive Attitude 反応産出の困難さ・萎縮した態度	N
⑩ rejection ( ), ⑪ card description ( ), ⑫ color description ( ), ⑬ symmetry remark ( ), ⑭ contrast remark ( ), ⑮ color naming ( ), ⑯ encouraged response ( ), ⑰ oligophrenic detail response ( )	
(2) Abstraction & Card Impression 抽象的な表現・カードの印象	**N**
⑳ direct affective response ( ), ㉑ symbolic response ( ), ㉒ movement description ( )	
(3) Defensive Attitude 防衛的な態度	**N**
㉚ question sentence ( ), ㉛ negative sentence ( ), ㉜ apology (self-critic, object-critic) (5), ㉝ question for instruction (3), ㉞ additional response (2), ㉟ modified response (2), ㊱ changed response ( ), ㊲ demur ( ), ㊳ denial ( ), ㊴ secondary addition ( )	12
(4) Obsessive & Circumstuntial Response 強迫的な反応・些事にとらわれた反応	**N**
㊵ exactness limitation ( ), ㊶ hesitation in decision (/), ㊷ detail description ( ), ㊸ obsessive discrimination ( )	/
(5) Fabulization Response 作話的反応	**N**
㊿ affective elaboration (/), (51) definiteness (//), (52) affect ambivalency ( ), (53) content-symbol combination ( ), (54) overdefiniteness (/), (55) overelaboration ( )	13
(6) Associative Debilitation & Unstable State of Consciousness 連想の衰弱・不安定な意識状態	**N**
(60) apathy in decision ( ), (61) incapacity of explanation ( ), (62) perplexity ( ), (63) fluid ( ), (64) forgotten ( ), (65) indifferentiation of responses ( ), (66) loose combination ( )	
(7) Repetition 反応の反復	**N**
(70) repetition tendency ( ), (71) perseveration ( ), (72) automatic phrases ( )	
(8) Arbitrary Thinking 恣意的思考	**N**
(80) arbitrary combination (3), (81) rationalization ( ), (82) arbitrary discrimination ( ), (83) figure-background fusion ( ), (84) arbitrary response ( ), (85) arbitrary belief ( ), (86) overspecification ( )	3
(9) Autistic Thinking 自閉的思考	**N**
(90) viewpoint fusion ( ), (91) content-symbol fusion ( ), (92) fabulized combination ( ), (93) confabulation ( ), (94) contamination ( ), (95) contradiction ( ), (96) deterioration color ( ), (97) autistic logic ( )	
(10) Personal Response & Ego-Boundary Disturbance 個人的体験の引用・自我境界の障害	**N**
(100) personal experience ( ), (101) utilization for illustration ( ), (102) personal belief ( ), (103) delusional belief ( )	
(11) Verbal Strangeness 言語表現の特異性	**N**
(110) verbal slip ( ), (111) amnestic word finding ( ), (112) indifference for verbalization ( )	
(12) Association Looseness 連想弛緩	**N**
(120) ( )	
(13) Inappropriate Behavior 不適切な言動	**N**
(130) ( )	

本用紙の無断転載・複製・複写を禁じます。

1）形式分析

　ここまでで仮想事例Ａさんのスコアリングをしていただけただろうか。自由に話してもらった言語内容を，一定の記号や数値に置き換えることによって，より客観的に被検者の傾向が理解しやすくなる。

　次に，ブランクシートから一覧表へ，反応とスコアの転記が終わったら，Ａさんのロールシャッハ特徴を考えてみよう。一般的な数値指標と比べて多く出現しているものはあるか？　逆に少なすぎたり，全く出ないスコア等もあるだろうか？　それぞれのスコア間にどのような関係があるのか，図版によって出現の仕方に変動があるのか，それはパーソナリティのどのような面をあらわしているのか，などを明らかにしていくのが形式分析である。それでは具体的にＡさんのプロトコルをみていこう。

主なスコア

Total Response ＝ 18　（Additional ＝ 2）　Card of Rej. ＝ 0

初発反応時間；T/ach ＝ 43.0 秒　　　T/ch ＝ 52.0 秒　　　T/IR ＝ 47.5 秒

Total Response Time ＝ 16 分 10 秒

Approach；W：（D）：d：Dd ＝ 61.1：33.3：0：5.6（%）

Sequence ＝ rigid　　　Turning% ＝ 33.3%

F% ＝ 27.8%　　　F＋% ＝ 60.0%　　　newF＋% ＝ 75.0%　　　R＋% ＝ 66.7%

P ＝ 5　　　Content Range ＝ 11　　　A% ＝ 38.9　　　H% ＝ 27.8%

W：M ＝ 11：5　　（H＋A）：（Hd＋Ad）＝ 9：3　　（Ⅷ＋Ⅸ＋Ⅹ）/R% ＝ 27.8%

FC：（CF＋C）＝ 1：3　　M：FM ＝ 5：3　　M：ΣC ＝ 5：4　　　（FM＋m）：（T＋C′）＝ 3：4

Activity level；act ＝ 5　　　pass ＝ 1　　　ind ＝ 2

感情カテゴリー　　　　　　　　思考・言語カテゴリー

Hostility ＝ 7.7%　　　　　　　Defensive Attitude ＝ 12

Anxiety ＝ 30.8%　　　　　　　Fabulization Response ＝ 13

Bodily Preoccupation ＝ 7.7%　　Arbitrary Thinking ＝ 3

Total Unpleasant ＝ 46.2%　　　Obsessive & Circumstantial Response ＝ 1

Dependency ＝ 23.1%

Positive Feeling ＝ 23.1%

Miscellaneous ＝ 7.7%

N（Neutral）% ＝ 38.9%

①知的機能の側面について

　初発反応時間は平均で 47.5 秒となっていて，長い時間がかかっている。カードⅠの初発反応時間は３秒であり，カードⅡは５秒とけっして遅くはない。むしろ，刺激への入り込みはスムーズである。

カードIVから遅くなる傾向が見られ，それ以降すべて反応時間が遅れていることがわかる。つまり，この遅延は情緒的な反応性によるものであり，知的な問題によるものではない。知的にはスムーズに反応する能力がある人であると考えられる。このために Total Time が長くなっているかといえば，そうではなく，刺激からは短時間でかかわりを引き上げていることがわかる。

　Total Response = 18 で，知的生産性は若干少なめだといえる。知的なイメージが次々とわき出るタイプではない。Sequence は rigid（厳格型）であるが，D 領域から反応していく図版もあり，物の見方に柔軟性が欠けているわけではない。一方では Turning% = 33.3% で，融通性をもって課題を眺め，自発的な動きもみせているし，Content Range = 11 あり，知的な関心や興味の範囲は通常範囲だといえる。つまり，刺激にかかわっていこうとする意欲はもっている人といえよう。

　次に F+% = 60.0%，R+% = 66.7% となっており，通常 80% 以上の F+% が期待されるのに，それより数値が低くなっている。冷静に事実を把握し，客観的に物事を判断する現実吟味力が少し弱い傾向がある。しかし，F+% より R+% の方が数値が高く，情緒的な刺激に動かされながらも冷静に判断しようとする姿勢はある。newF+% = 75.0% であり，外的な刺激にさらされても，むしろ水準が上がるのは外圧に耐える力があると考えられよう。

　organization は A が 2 個，B が 3 個ある。統合しようとはしているものの，内容的には無理があるものも多く，成功しているとはいえない。P 反応は 5 個産出され，常識的な物の見方や判断はできる人である。W：M = 11：5 なので，要求水準が高いわけでもない。S 反応もみられるが，d 反応や Dd 反応は少なく，あまり物事を分析的に細かく見る人ではなく，F + % の低さと合わせて考えると，正確さには欠ける傾向があると考えられる。

　M 反応が 5 個あることから，想像力や創造性などをもっている。ただ，このうち 2 個はキツネとネコの擬人化されたもので，少々未熟な点も感じられよう。

　知的にはそれほど高いとはいえないが，平均的な能力はもっており，反応性も良い。物事を客観的にきちんと判断する力が若干弱いところはあるが，自我機能は崩れていないことがわかる。

②情意的側面について

　先に述べたように，情緒的な刺激によって初発反応時間が遅れるのが，A さんの大きな特徴である。これは陰影ショック，色彩ショックの両方が考えられる。カードIIでは内臓反応が 5 秒で産出されており，色彩刺激により衝動的に反応していると思われる。しかし，T/ch は T/ach より遅く，また，（VIII + IX + X）/R% = 27.8% で，これは少ない。反応が遅れたり，反応数が減少したりする抑制傾向のある人である。Additional Response は 2 個あり，「ウシかヤギの顔」（VI），「サルがカツラつけてる」（IX）というものである。気持ちがリラックスしてくると自己表出できると考えられる。ウシかヤギは「角がない」（Hden），そして「サルのカツラ」は arbitrary combination であり，攻撃性を否認したり恣意的なブロットの関係づけが露わになってくる。

　内的統制は M：FM = 5：3 であり，衝動性を延期する力をもっている。その運動の中身もそれほど激しい緊張の伴うものではなく，「羽を広げた」（I），「人が向き合っている。踊っている」（III）

など穏やかな動きや positive なものが多い。M：(FM + m) ＝ 5：3 も同様の傾向を示している。しかし，一方では「目がぎらぎらして笑っているキツネ」（Ⅰ），「内蔵の手術」（Ⅱ）などの緊張感を伴う反応があり，急に反応の質を落とすことが散見される。C 反応（Ⅸ）があるのもそれを示していると考えられよう。

感情のあり方を Affect によってみてみよう。N% ＝ 38.9% で，感情が動いていることがわかる。Affect の内訳では Anxiety ＝ 30.8% で最も多い。Aev や Acnph のスコアが見られ，逃避的だったり，直接的に不安を感じるよりは反動形成で応じる人である。

思考・言語カテゴリーにおいては，主に Defensive Attitude と Fabulization Response の 2 種がスコアされ，これらは比較的病態水準としては軽いものであり，健常から神経症レベルでの適度な防衛が働いている人である。Defensive Attitude の中で，apology ＝ 5 からは自己不全感があり，反応産出へのためらいが感じられる。question for instruction ＝ 3 からは，検査者への依存によって解決しようとする傾向が見られる。Fabulization Response の中では，definiteness が 11 個を占め，適度な修飾（説明）を施した反応ができる。

外的な統制は FC：(CF + C) ＝ 1：3 となっている。外界からの情緒的刺激に混乱しやすいと考えられる。M：ΣC ＝ 5：4 の比なので，体験型は若干内向型であり，内側から動かされる傾向があるものの，外側からの刺激対処とのバランスはとれている。この背景には，(FM + m)：(T + C′) ＝ 3：4 の数値が示すように，潜在的には外向型に傾く傾向も秘めていよう。

③対人的側面について

H% ＝ 27.8% を示し，対人的な関心はかなり強い人である。その動きは「向かい合っている」などという穏やかなもので，ネガティブな感情は特別見られず，関心のあり方は悪いものではない。ただ，前述したように M 反応のうち 2 個は擬人化されたもので，幾分未熟な側面を含んでいる。P 反応の数も一般的な範囲なので，常識的な判断をもとに人とつきあっていける内的な力はもっている人である。ただ，現実吟味力が若干弱くなるところもあり，色彩図版で反応が遅延したり，反応が曖昧になってしまうことから，逃避的になる弱さは抱えていると考えられよう。実際の対人関係でも，混乱すると逃避的になることがあるかもしれない。そのときには，Fabulization や Arbitrary Thinking にあらわれているような恣意的なあり方で人を見ることがあろう。Defensive Attitude 12 個のうち，apology が 5 個と多く，自信のない態度を直接自覚するか（self-critic），他罰的に処理するか（object-critic），双方相まっている。

感情カテゴリーを見ても，Anxiety が，対人関係において直接表現されるよりは間接的に示す傾向が推測される。イメージ・カードにおいて，Most Liked Card（Ⅴ）で「黒が好きだから。黒一色の花が好き」と述べ，反動形成的（Acnph）な自分に親和的であることがうかがわれる。また，Positive feeling があらわれてきたときには，Dch や Prec に感じられるように，子どもっぽく退行的になったりするだろう。実際，検査の感想では「甘えん坊に見られやすい」，「今までは甘えられなかったんじゃないか」と語っている。「単純だって言われるけれどもそうじゃない」とも言っており，これら

のことをある程度意識していると思われる。このことは自己に対する洞察と関連し，今後心理療法的にかかわるうえで重要である。自己洞察につながる糸を探すことが心理療法を進めるときには常に課題となるからである。逆に，Aさんは Most Disliked Card（Ⅸ）で「一番わからないから」と言っている。ばらばらで色彩も脈絡のない情緒的な刺激，それらに対する戸惑いは嫌悪され，回避されるもので，このような刺激にどのように対処していくか，今後の課題となっていく可能性があろう。

　家族関係では，父親カード（Ⅳ）で「ちょっと遠い存在」と言う。ここでの反応は「イヌの顔」，「大男」である。イヌの顔はつぶれており，もじゃもじゃした毛もあるし，大男は少し怖い存在でもある。愛情欲求も見え隠れしながら恐る恐る見ているような存在の父親である。また母親カード（Ⅶ）は「子どもっぽい感じで，わがまま」と語る。この反応は「置物みたい」とされ，リアルなものから遠ざけられてる。子どもっぽくわがままで，母親らしくはない。反応は「竜宮城」のような，これから入っていきたい「門」のようなものだが，竜宮城というのは非現実的なものであり，やはり心理的な距離は遠いであろう。

　Self Image Card（Ⅴ）では「嫌いなとこもあるけど，好きな方かな。諦めかなあ」と肯定的に述べている。こうした自己肯定的な側面は，Aさんが成長していくのに役立つだろう。そのように葛藤をもちながらも，精神的に健康な部分や成長可能性を秘めているあり方がみて取れる人である。

2）継列分析・内容分析

　形式分析がプロトコル全体の特性を俯瞰的・客観的に見る分析法であるとすると，継列分析・内容分析は個々の反応とそれらの変遷（継列）を細かくみていくことを通して，被検者の心的機能を力動的に理解しようとする分析法である。個々の反応とその継列に寄り添うことで，被検者の内的体験を共感的に理解する試みであるといってもよい。その一般論は，「7章　分析の視点　2．継列分析」で述べたので，それを参照しながら，仮想事例Aさんのプロトコルをもとに継列分析の実際を例示する。

【カードⅠ】

　最初の図版であるカードⅠでは，新奇でストレスフルな場面に遭遇したら，まずはどう対処するかが問われる。カードⅠのブロット自体はまとまった形態をしており，比較的反応を形成しやすいといえるのだが，新奇場面に対する緊張に影響されやすい被検者には困難なカードとなる。

　Aさんは，3秒という速い反応時間で「コウモリ」という平凡反応を産出している。新奇な状況でも，まずは素早く一般的常識的な発想で対処する人といえる。さらに，質疑段階では「バーッと羽を広げた感じ」と説明しているので，常識的でありつつ，活動的で感情的なエネルギーをもって，状況に対処しようとしていることがわかる。

　第2反応は「キツネの顔にも見えます」で，「目がギラッと光って，口もニタッと笑っている」と説明されている。ここで，多くの文化圏で「キツネ」は人をだます（化かす）動物として知られていることに注意を向けておきたい。新奇な環境に対して常識的に対処（第1反応）した後，相手の顔に

注意が行き，相手から威圧されるような恐怖や，相手にだまされる（化かされる）ような猜疑心が生じていることがわかる。しかし，この反応の形態水準はプラスであり，人に恐怖や猜疑心を抱いても，それが状況にそぐわないわけではない程度のことであるといえる。ここでの顔反応が「人の顔」（Hd）ではなく「キツネの顔」（Ad）である点に注目すると，Aさんの対人関係認知の仕方は非現実的で未熟な仕方であるといえそうである。「目がギラッと光って，口もニタッと笑って」という表現の仕方からは，猜疑心があまり防衛されずに生々しく表出されていることがわかる。また，この反応の後で，「こう見てもいいですか？」と検査者に問うており，人への不安を抱いたことへの対処として，人に助けを求める（依存する）傾向があるのかもしれない。

　カードⅠでAさんの特徴についての仮説を立てるなら，常識的に対処を図る面と，人に対して恐怖や猜疑心を抱く面がある人であり，人に依存して対処しようとするかもしれない。心的エネルギーはある方で，現実吟味力も保たれやすい，ということになろうか。それがこの後の図版でどう変化していくかをみていくのも，継列分析の観点の一つである。

【カードⅡ】

　カードⅡには，攻撃性や性衝動を刺激しやすい強い赤色があり，かつ周囲の黒と混じっているため，赤を他の領域から分離して取り扱うことが難しい。この赤をどう処理するかを見るのが，継列分析の大きなポイントとなる。

　Aさんは，5秒で「内臓を手術してるところ」と反応した。この反応の決定因はCFで，反応内容は「内臓」であり，かつ形態水準はマイナスである。こうした特徴は，攻撃性や性衝動を刺激しやすい強い赤によって，情緒の統制が崩れやすく，感情や衝動が自我の統制を経ることなく表出されてしまい，そのとき，自我と身体像の境界（Fisher & Cleveland, 1968；Landis, 1970）は透過性を帯び，現実検討力は低下して，現実にそぐわないような対処（心気症的な症状を含めて）をしがちであることを示している。ただ，「手術」という反応内容は，治療行為を表現しているので，この反応のもつ破壊性を和らげようとしたものと思われる。それでも，心的機能がひどく退行した状態になったため，このカードの中では，次の反応を産出するなどして心的機能を立て直すことができなかったと思われる。その戸惑いは，「一つのものにしか見えない。ダメですか？」という検査者への問いかけにも表れている。不安が自分だけでは処理しきれなくなり，検査者に安全の保障を求めたと考えられる。

【カードⅢ】

　カードⅢは赤と黒が分離し，カードⅡよりも赤に対処しやすくなっている。ここでカードⅡのred shockから立ち直れるかどうかが問われる。

　Aさんは，40秒間じっくり考えた末，平凡反応の人間反応が産出できた。カードⅡで混乱した心的機能が，少々時間はかかったものの，社会適応的なレベルまで立ち直ったといえる。さらに，「踊っている」という楽しげな運動も含んでおり，社会適応的レベルに届いただけでなく，ポジティブな感情を伴った創造的な反応といってよいだろう。

　第2反応は逆位置で，「背中合わせの黒人」を産出した。これも時々みられる反応であるが，二つ連続で形態水準が良い人間運動反応が産出されたことから，Aさんは人への関心が高く，その関心のもち方は社会的に容認されるようなものだといえる。また，想像力，共感性，自己受容と内的安定性など，「第Ⅲ部　6章」で触れた人間運動反応の心理学的意味は，当然この反応にも含まれている。

　では，カードⅡでいったん心的機能が崩れた後のカードⅢでの立ち直りは，どのようになされたのだろうか。カードⅡでは赤の領域（D_3とD_4）にすぐに視線が行ってしまい，それに引きずられるように，反応内容も形態水準も悪い反応を出したが，カードⅢでは赤の領域（D_2とD_4）を避けて反応している。初発反応までの40秒間は，いったん強い赤に引き付けられた注意を引きはがすのに使われたのであろう。こうして，赤による動揺を回避もしくは抑圧し，黒の領域だけに注目して反応した結果，質の良い反応を産出できたと考えられる。カードⅢは赤と黒が分離して扱いやすいというのは，こうした現象をさしているのである。このように，継列分析では，産出されなかった反応（この場合，D_2やD_4を用いた反応）についても分析することで，重要な情報を得ることができる。

【カードⅣ】
　カードⅣは，強い濃淡のある図版であり，接触感を刺激するので，愛情欲求や依存欲求が喚起されやすい。またブロットの形態から，威圧感も刺激されやすい。それらについて，どう被検者が対処していくかが問われる。

　Aさんは，初めに「イヌの顔を真正面から見たみたい」と反応した。カードⅣになってもカードⅠと同じく，動物の顔を正面から見る反応をした。状況が変化しても，同じように他者の顔色を読もうとせざるを得ないところに，Aさんの苦しみがあるのだろう。「毛がモジャモジャのイヌです」「〈ブロット内部を指でなぞりながら〉このへんフワフワした感じで…」と，材質をちゃんと体験し，それに言及しており，形態水準も良い。Aさんは，依存や愛着をめぐってある程度の安全感を経験しており，かつ内省力も適切に働いていると，ここではいえよう。

　第2反応については，「大男に見える。下から見上げている感じです」と述べ，質疑段階では「こわい感じですね」とも表現した。「頭の方が小さい」と通景も言語化しており，威圧感のある「こわい」対象との間に距離を取ることもできる人ともいえる。この距離感は，知性化ともつながるものであろう。このように距離を取る（知性化する）ことで，怖さ（感情）に対処していることがわかる。なお，この反応はよくあるものなので，これだけでAさんが相手からの威圧感にとくに敏感に反応するとはいえないことに注意したい。また，これら二つの反応の形態水準はプラスである。以上のことを勘案すると，Aさんは，依存・愛情と威圧感とを同時に刺激されると，依存や愛情への感受性はあるものの，まずは相手の顔色をうかがい，そこでの怖さについて心理的距離を取ることで，現実に合った対処をするといえる。

　また，カードⅣはFather Image Cardに選ばれており，選択理由として「ちょっと遠い感じの存在ですかね」と述べられている。第2反応で，こわい感じの大男と述べられ，そこから距離を取っていた。その点から，Aさんと父親との関係性については，愛着をどこかで感じながらも怖い父親に対

して，Aさんが心理的距離を取ってきたのだろうと推測できる。「家にいないときも多かったし」という発言に注目すると，客観的行動レベルでも父親との距離が遠かったのかもしれないし，この選択理由もAさんの心理的距離を投影したものなのかもしれない，といえる。

【カードⅤ】

　カードⅤは，一つにまとまって安定した形態をしており，10枚の図版の中で最も刺激が少ない。したがって，ここまで情緒的刺激にさらされてきた被検者が，きちんと休めるかどうかが分析のポイントとなる。

　初めに「カトレアの花」と，形態水準がマイナスの反応をする。この白黒カードに「カトレア」という美しい花を見るのは，カードⅣで感じた顔へのこだわりと，その結果としての威圧感がまだ残っており，この恐怖に対抗するために美しい概念をもってきたと解釈できる。感情カテゴリーはAcnphになっている。カードⅣでAさんが感じた威圧感は，心理的距離を取るだけでは解消されていなかったことがわかる。

　この反動形成を施して，やっとAさんは少し安心でき，平凡反応の「チョウ」を見ることができた。それでも心的機能の委縮がまだ残っており，「標本になってるんだ」と言及され，反応内容としてScがスコアされている。つまり，平凡反応は産出できたが，カードⅠの「コウモリ」とは違ってこの「チョウ」では，感情の隔離によって，生命感やエネルギーが奪われている。ここでも，まだカードⅣの怖さを処理する必要があったのかもしれない。カードⅤでは，本来ならば休んで良いようなストレスの少ない場面でも，Aさんは内なる恐怖の処理に追われていることがわかる。ここで「色は関係ないですか？」と検査者に尋ねていることから，恐怖の処理にあたっては，他者の助けを求めたくなるのかもしれない。

　また，カードⅤは，Most Liked Card に選ばれており，その理由は「黒…色の花が好き」ということであった。情緒的刺激が弱く少し陰鬱な黒と受け身的な花というイメージが，Aさん自身にとって心地良いものだったのだろう。周囲から感じる威圧感・恐怖感に，うまく対抗できた安心感があって，このカードを好ましいと思ったのかもしれない。

　さらに，Most Liked Card であるこのカードが Self Image Card にも選ばれており，Aさんの自己肯定感を示しているといえる。選択の理由にもあるように，「もちろん嫌いなとこもあるけど，好きな方に入るのかな」という述べ方にも，アンビバレンツに耐えることができるだけの自我の健康さがあるといえる。

【カードⅥ】

　カードⅥは，濃淡が一番強く，かつブロットの形態から性的内容が連想されやすい。

　Aさんは，図版を近づけたり，回転させたり，首を傾げたり，膝に図版を乗せて見たりして，1分40秒を要して，やっと「ネコがですね，着物着てるみたい（笑い）」と反応できた。一応形態水準はプラスではあるが，大変オリジナルな反応である。Aさんは，カードⅣで見たように濃淡への感受

性がある。多分，「ネコ」という毛のある動物や「着物」という織物は，濃淡の材質から連想されたのだろう。反応内容はファンタジックで，「ちょこんと立ってるところ」という表現もかわいらしさを感じさせる。接触感を刺激されて，少し退行しているのかもしれない（Dch）。それでも，このカードでの平凡反応である濃淡を用いた「毛皮」は産出できていないことから，接触感を真正面から受け止めることを回避したのだろう。1分40秒という時間も，濃淡によって刺激された接触感を感じながらも避けたいというジレンマの妥協点を見つけることに費やされたものと思われる。「着物を着たネコ」という妥協点はやや強引であり（arbitrary combination），Aさん自身もその強引さにいくらかの自覚があるようだ（apology（self-critic））。

　そして，第2反応は「大きい葉っぱ」で，濃淡の強いD₂に反応しながらも，材質を含まない形態だけの反応になっている。これも接触感を刺激する濃淡を否認し，知性化した反応といえる。さらに，「葉っぱにしては，いびつ」とapology（object-critic）を示した。Aさんにしてみれば，接触感を回避したものの，どこか不全感が残る結果になってしまったのだろう。ここまでを振り返ると，Aさんには依存をめぐる強い葛藤があり，その処理に相当手間取っていると推測できる。愛情欲求や依存欲求を受容できていると，P反応の「毛皮」を産出できるのだが，Aさんは産出できなかった。

　第2反応の質疑段階で，付加反応の「ウシかヤギの顔」が産出された。依存をめぐる葛藤の処理をしているときに，顔反応が出てきたのである。このことから，Aさんの対人恐怖的心性は，依存への葛藤の処理と何らかの関連があると推測できる。

【カードⅦ】
　カードⅦは，柔らかい濃淡があり，かつ形態は不明確であるが，女性像やそれに関連する内容も見られやすい。こうした刺激をどう統合できるかが問われる。

　Aさんは，カードⅦでも，ため息をついたり，図版を近づけたり遠ざけたり，回転させたり，首を傾げたりして，初発反応に1分20秒かかっている。ここでも，濃淡刺激への対処に苦慮していると解釈できる。良く言えば，多角的な方法を試して打開策をひねりだすねばり強さがある。こうして「二人の女の子が，胸から上なんだけど，向き合っているみたいです」と反応した。自由反応段階では，この反応は，形態水準の良い，生き生きとした人間運動反応といえる内容であった。しかし，質疑段階で「置物みたい」と付け加えられた。つまり，「女の子」を「置物」と定義し直す（definiteness（imanimation））ことで，生き生きとした生命感やエネルギーを，押し殺している。これはすでに，カードⅤでも観察された現象である。Aさんには，生き生きとした感情体験を避ける傾向があるといってよいだろう。

　第2反応は「門」であり，形態水準がマイナスの形態反応である。第1反応でわき上がった生命感（あるいは生き生きとした感情）への防衛として感情を押し殺し，その状態のまま，ここでも形態だけの反応を産出したものと思われる。それも，全体反応で「門」を見ていることから，Aさんの視点から見れば，対象から少し距離を取ったことがわかる。これも，感情を回避するためのAさんなりの工夫なのだろう。感情から距離を取って客観的に眺めようとする試みは，知性化といっても良い。

「竜宮城みたいな門」というファンタジックな内容は，第1反応と同じく，いくらか退行している状態（Dch）といえるだろう。これも，濃淡によって接触感が刺激されたことによるのかもしれない。

　また，このカードⅦは Mother Image Card に選ばれ，その理由として「子どもっぽい感じで，わがままかなぁっていうときもありますね」と述べられている。Aさんにとって母親は「子どもっぽい女性」のイメージがあるのだろう。この理由の述べ方をみても，上記の継列分析結果をみても，Aさんはそういう子どもっぽさや生き生きした感じを嫌っている。母親のそういう側面についても，嫌に思って距離を取り，回避してきたのだろう。

　さらに，この図版は「元気な女の子のイメージで」，Younger Sister Image Card にも選ばれている。母親の特性としては不適格であった子どもっぽさも，妹であれば許せるし，むしろ「元気」というポジティブな評価になるようである。Aさんは子どもっぽさをとても毛嫌いしているが，こういうポジティブな特性でもあることを，一方ではわかっているのである。

【カードⅧ】

　初めての多彩色図版であるカードⅧでは，多様で複雑な情緒刺激にさらされたときに，それらをどう処理できるかがポイントとなる。カードⅨ・Ⅹに比べて，全体の形態は比較的明確で一つにまとまり，色は領域によって分割されており，3枚の多彩色図版の中では，色彩の処理がしやすいといえる。

　Aさんは，45秒かけて「お花みたいです」と，平凡反応を産出した。時間はかかったものの，多種多様な情緒刺激に惑わされることなく，多くの人が注目しそうな領域を取り出して，そこに一般的な反応を形成したのであるから，Aさんの常識性や健康さが示されているといってよい。

　「花」という反応内容は，受動的・依存的な態度を示すとされている。Aさんは，一度に多様な情緒的刺激を受けるような場面（集団的・社会的場面など）では，まずは受身的な態度を取るが，それは社会一般の常識から逸脱するほどのものではないといえる。しかし，質疑段階になると，「あまり自信ありませんけど」と言っており（apology（self-critic）），本人にとって，社会の中で受身的な態度でいることは，意識的に考え直してみると，しっくりこないあり方なのかもしれない。

　一度受身的になることでより多様な刺激に耐えやすくなったのか，第2反応で「木のそばに二匹のクマがいるみたい」と，二つ目の平凡反応を産出する。第1反応でも触れたように，ここで平凡反応を産出したことは，多彩色によって混乱にさらされることなく社会的に一般的な反応を形成できたとして，ポジティヴに評価できる。ただ，質疑段階で「クリスマス・ツリーみたい」と付け加え，ここでもファンタジックな想像を働かせていることから，いくらか退行した心理状態にある（Dch）ともいえる。また，多くの人がこの平凡反応を産出するときには，「登っている」のような能動的運動を明細化することが多いのだが，Aさんの場合は，「立っている」といった不定運動であり，社会的場面では心的エネルギーは高くないのかもしれない。

【カードⅨ】

　カードⅨは，多彩色であり，濃淡が強く，色が入り混じっており，全体の形態もあいまいであるこ

とから，一番対処困難な図版である。

　Aさんは，図版を回転させたり，図版を持っていない方の手を口元へ持っていったり，首を傾げたり，足踏みをしたりしながら，1分50秒かかって，やっと「強いて言うなら，絵が水でにじんじゃってるみたいな。水彩画のような感じですか」と反応した。また，質疑段階で「抽象画みたいな」と述べられているように，反応の形態は不確定で，色だけを決定因として形成されている。いろいろな感情が刺激され，かつ構造があいまいで，知性的に対処することが難しい場面では，情緒的統制が欠如する傾向にあることを示している。

　質疑段階でこうした内的事態を語っているときに，「サルがかつらつけてるみたい」という付加反応を産出している。これも顔反応でありながら，今までのように脅かされるような内容ではなく，むしろ相手を価値下げするかのような態度を示している。そこにはAさんの他者への隠された怒りがあるのかもしれない。ただ，形態水準がマイナスで，arbitrary combinationなので，そのときの対人認知は現実にはそぐわないものとなるのだろう。Aさんは，情緒的に統制が乱れると，現実にそぐわない認知にもとづいて相手を価値下げする傾向があり，日頃はそういうことが起きないように，対人関係場面では統制を保つために緊張を緩められないのではないだろうか。

　また，カードIXはMost Disliked Cardに選択されており，その理由として「一番わからないから」と述べられている。上記の分析からも，Aさん自身が反応を産出するのに苦労したことが理解でき，それがAさんの主観的体験とも一致していたといえよう。検査者の判断とAさんの判断が一致する事実から，Aさんの自己観察力の健康さが指摘できる。

【カードX】

　最後のカードXは，多彩色でかつ全体の形態もバラバラであるが，色彩の混じり合いは少ない。それをどう処理するかが問われる。最後の図版という点で，被検者自身のプロトコル全体のまとめが表現されることも多い。

　Aさんは1分という長めの時間を使って，「真ん中に顔があるみたい」と，形態水準がマイナスの反応をした。社会的場面では，やはり人の顔が気になるようである。その気になり方は，主観的感情に強く彩られているといえる。質疑段階では「何の顔かわからない」と述べられ（hesitation in decision），Aさんの混乱ぶりがうかがえる。

　最後の反応となる第2反応では，「小さい虫がゴニョゴニョ動き回っているみたい」と反応し，質疑段階では「汚い色の水になった」と言及している。決定因がCFで，形態水準はマイナスであり，arbitrary combinationでもあることから，情動が統制されずに表現されているといえる。Aさんの動物的な「汚い」情動がうごめくさまが想像できるような反応である。社会的場面では，情動の統制が困難になることがよくわかる。Aさん自身は，統制を失ってこうなってしまうことを恐れているのだろう。むしろそれだけに，Aさんが汚いと感じ，恐れてもいる自らの動物的な衝動性や情動を，自我に統合していくことが必要になっているともいえる。もし，今後Aさんが心理療法を行うとすれば，このことが心理療法の重要な課題となってくる可能性を指摘できる。

　Aさんの感想にも触れておく。「これで性格がわかるんですか？」という疑問は，ロールシャハ法を受けた体験のある人なら，ほとんどの人が感じることであろう。それゆえに，被検者は不安や緊張感を感じるのであるし，そうだからこそ，ロールシャッハ法が被検者の不安や葛藤への対処の仕方を見る有用なツールになるのである。Aさんは「単純だって言われる。でも，そうじゃないんだ！って思うこともあります」と，彼女にしては珍しく語気を強めているが，他者から簡単に自分の内面を決めつけられることへの怒りを表現したいのだろう。もちろん，それは検査者にも向かっているのだろう。ひょっとすると過去に，親のような重要な人物から自分の思いを決めつけられ，わかってもらえないと感じた経験があるのかもしれない。また，「甘えん坊に見られやすい」，「なのに，今までは，甘えられなかったんじゃないかと。下（妹）がいるからですかね」とも述べている。継列分析で明らかになったように，Aさんは依存欲求が表立つのを恐れ，それから距離を取ろうとしてきたのであるが，人の目からは逆に「甘えん坊」と見られてきたと感じているようである。これは，Aさんは甘えを本当は求めているという面を，人にわかってほしいというようにも，人に伝わったことを恥じていて隠したいようにも聞こえる。さらに，妹のせいで「今までは，甘えられなかった」という自覚もあり，そこに妹への対抗意識といくらかの無念さや虚しさもにじみ出ているように感じられる。

　最後に検査者の感想について述べる。検査者はAさんに対して，「意欲」「緊張」「照れ」「不安」「神経質」などを感じている。ここで継列分析の結果を見直してみると，検査者が感じたことが，継列分析で明らかになったAさんの内的体験と深い関連があることが理解できるだろう。検査者の感想を単なる思いつきであるとしてやり過ごしてしまうのではなく，なぜ検査者がそう感じたのかという問いへの答えを，継列分析の中に求めるといった態度で取り組むと，継列分析がより実り豊かなものになるといえるのである。

3）事例の総合的解釈

　Aさんのプロトコルについての形式分析，継列分析，内容分析を統合した総合的解釈を以下に示す。

①知的機能の側面について

　Aさんの知的な関心や興味の範囲は通常範囲といえよう。知的生産性は若干少なめである。しかし，常識的な物の見方や判断はできる人であるし，創造的な能力や想像性などももっている。自己観察力の健康さもある。その一方で，物の見方については柔軟性が少し乏しい。また，現実吟味力が若干乏しく，とくに情緒の統制が崩れたときには，その傾向が強くなる。その点，未熟さも感じられよう。

②情意的側面について

　Aさんは，内的な衝動性を延期する力をもっており，アンビバレンツに耐えることができるだけの自我の健康さがある。しかし，外界から強い情緒的刺激が与えられる状況や，多様な情緒的刺激が与えられてかつ知的に対処することが困難な状況では，急に情緒的統制，現実吟味力が低下し，自我

身体像境界までが脆弱になることがある。そうなると，すぐには心的機能を立て直せないことにもなる。不安や怖さや人との接触感を直接的に体験するよりは，反動形成，回避もしくは逃避，抑圧して，対処しようとする。しかし，それがいきすぎると，生命感や健康な心的エネルギーが奪われることになる。そういったときには，人への依存によって解決しようとしたり，相手の価値下げをしたり，退行したりする。防衛の水準としては，主に健常から神経症的な防衛が働いている人である。

③対人的側面について

　Aさんは，対人的な関心は強い人である。常識的な判断を元に人とつきあっていける内的な力はもっており，依存や愛着をめぐって，ある程度の安全感を経験もしている。精神的に健康な部分や成長可能性を秘めており，自己肯定感ももっている部分がある。その一方で，対人的場面では，多くの場面で相手の顔に注意がいき，相手から威圧されるような恐怖や，猜疑心が生じがちである。そのときの対人関係認知は，恣意的・非現実的で未熟な仕方であり，主観的感情に強く彩られる面もあって，逃避的・反動形成的な対応を取りやすい。また，Aさんは，接触感や依存欲求についての回避や抑圧がある。Aさんの対人恐怖的心性は，依存への葛藤の処理と何らかの関連があるのかもしれない。

　父親との関係については，愛着をどこかで感じながらも，怖いと感じて心理的距離を取ってきたようである。母親に対しても距離が感じられ，母親の子どもっぽさや生き生きした感じを嫌っているようだ。だが，妹の子どもっぽさについては，ポジティヴな特性でもあるととらえている。自分自身に対しては，嫌いなところもあるが，ほぼ好きな自分として肯定的に受容している。ただ，母親に求める愛情を，姉である自分は我慢して，妹に譲ってきた経緯がうかがえ，そこに葛藤がありそうである。それでも，自分のそうした側面について，ある程度自覚もしており，心理療法の効果については，期待がもてそうである。

④全体的人物像

　ロールシャッハ法から読みとれたAさんの問題についての理解をまとめてみる。

　Aさんは，愛着と怖さを感じる父親には，その怖さを回避して心理的距離を取ってきたようである。母親に対しては，自分が親に甘えたい気持ちを抑えて妹に譲り，自分はわがままを言わない良い姉として，生きてきたようである。怖さや依存といった感情に直面することを避けて心理的な距離を取り，受け身的でおとなしい自分という自己イメージをもつことになった。さらにそういう自分を，嫌いなところもあるがほぼ好きな自分として受容しており，アンビバレンツを抱えることができる自我の強さと，それに支えられた自己肯定感がうかがえる。また，Aさんは常識的なものの見方や判断もできる人であり，環境に対処し，人と関係を結ぶうえで必要な，想像力，共感性，安定性なども，機能している。こうした面があったので，中学校まではとくに問題なく経過したものと思われる。

　ただ，生き生きとした素直な感情表現をしてはいけないという思いは，わがままが出てしまって周囲からの評価を落とすのではないかという不安に，反転しやすい。とくに学校場面では，教師からの評価や同級生からの評判が重要な価値基準になるので，この不安は一層拍車をかけられることになる。

こうして，高校では少しずつ登校できない日がでてきたのだろう。それでも，困ったときに人に頼ろうとするＡさんは，実家暮らしの間は，母親や妹に頼って何とか登校していたと考えられる。

しかし，実家を離れて大学へ進学すると，頼りにできる支えを失ってしまい，そのうえ大学という新奇な社会的場面に参入することになってしまった。このときに生じた人への怖さや不安についても，何とか環境からの脅威となる刺激を回避し，反動形成や，抑圧で対処しようとしたであろう。しかし，Ａさんには，いったん不安が高じると，情緒的統制が乱れて退行し，現実吟味力が弱まる面があるので，ますます疑心暗鬼は強まっていったのであろう。さらには，感情を抑えることで心的エネルギーはうまく動かなくなる面もあるので，自信を失って引きこもる方向へと陥り，相談支援機関に援助を求めるに至ったと思われる。

病態水準については，感情を回避したり抑え込んだりするという抑圧中心の防衛機制があり，他者表象と自己表象との境界も，現実吟味力もほぼ保たれていることから，「神経症性パーソナリティ構造」に近いであろう。

最後に，Ａさんの心理療法についても触れておく。ロールシャッハ法にみられたＡさんの特徴である，感情や他者を回避し，反動形成で対処するのは，自分の嫌なものには直接触れないという態度でもある。したがって，その点の変化を促すには，Ａさんが汚いと感じ，恐れてもいる自らの動物的な衝動性や情動に触れ，体験し，それを自我に統合していく作業が必要となる。具体的には，セラピストと主訴をめぐって話し合い，Ａさんの苦しみや葛藤とその背景について話し合う中で，実は自分もべったりと甘えたかったり，人を憎いと思ったり，という「汚い」感情があったことを認め，「良い子」でなくても生きていけるというストーリーにたどり着けるとよいだろう。もし心理療法がそうした経過をたどれば，自分が見たくなかった面に直面するのだから，心理療法中のＡさんの苦しみは大変なものになるだろう。それでも，Ａさんの病態水準，自我機能を立て直す力，洞察や言語化の力などを考慮すると，心理療法の予後は悪くないように思われる。

4）フィードバック

前節までに述べた内容をまとめて，Ａさんにフィードバックすることを想定した，心理検査結果報告書の一例を示す。精神科医療機関において，Ａさんのように「見立てや今後の治療の参考にするために」と，医師から心理検査依頼があった場合，クライエントの主訴が生じるのにどのような内的準備状態があったのか，現在クライエントが陥っている事態はどのような病理や病態水準にあるのか，心理療法の可能性や危険性はどう評価できるのか，などに答えることが求められていることが多い。ここでも，そういう観点をもって，報告書をまとめてみる。

また，医師でも検査者でも，クライエント本人にフィードバックするときには，フィードバックの文章を単に読み上げるのではなく，伝えながらクライエントの反応を確かめ，次をどう伝えるのかを考えるのが望ましい。できればその場で，今後の治療方針などと結び付けられるとよい。

①主治医への報告書の一例

　まず，主治医に提出するための心理検査結果報告書の一例を示す。

心理検査結果報告書

患者氏名：A 様	19歳	カルテ番号：＊＊＊＊
検査年月日：20＊＊年○月○日		主治医：Dr. △△△
実施検査名：Rorschach.		
検査者：CP. □□□		

・人格検査結果

　知的機能の側面については，社会的に一般的で常識的な振る舞いができる人です。現実吟味力が高いとはいえませんが，内省力や自己観察力もほぼ保たれています。情緒的側面については，アンビバレンツに耐えるだけの自己肯定感も備えています。情緒刺激が与えられると，反動形成，回避，抑圧などの防衛を使いますが，衝動の統制が一時的に悪くなり，現実吟味力が低下し，場合によっては心気的になったりすることもあるかもしれません。それでも，そういう状態から自ら立ち直ることができる健康さももっています。対人関係の側面については，人の顔色をとても気にし，威圧されるような恐怖や猜疑心を抱き，不安や緊張を覚えるようです。時に，相手の価値下げをすることもあるかもしれません。子どもっぽくてわがままな母親への嫌悪感があるせいか，相手に依存しないように自ら距離を取ろうとします。その一方で，困ったときには人に頼りたいとの思いもわいてくるので，相手との依存をめぐる葛藤に追い込まれてしまいます。妹の存在によって母親への甘えを我慢してきたことも，依存をめぐる葛藤と関連がありそうです。他者への不信感や怖さが感じられたときには，それを回避し，対象から距離を取ることで対処しているようです。対象から距離を取るという対処法は，父親との間で経験してきたことでもあるようです。対象から距離を取るという対処に頼りすぎるために，自身の感情を無理に押し殺すことにもなってしまい，Aさんの本来の能力や心的エネルギーが発揮できないことにもなっているようです。当然，こうした葛藤は社会的場面でより強く生じ，引きこもりにつながることもあり得るでしょう。

　以上のことから，ロールシャッハ法による見立てとしては，神経症水準の対人恐怖症といえます。すでに「今までは，甘えられなかったんじゃないかと。下（妹）がいるからですかね」と，自覚している面もあり，基本的には自己受容的で，葛藤に耐えられる自我の健康さもあることから，十分に心理療法の適用だといえるでしょう。ただ，その際には，自分の認めたくない「汚い」部分に直面することにもなり，その点はつらいこともあるかと思われます。

以上，ご報告いたします。

☆☆精神科クリニック

---

②クライエント本人へのフィードバックの一例

　次に，クライエント本人に手渡すための，心理検査結果報告書の一例を示す。本人に手渡すことを踏まえて報告書を作成したならば，それを読み合わせた後，コピーして渡すこともある。

心理検査結果報告書（本人用）

患者氏名：A 様	19歳	カルテ番号：＊＊＊＊
検査年月日：20＊＊年○月○日		主治医：Dr. △△△
実施検査名：Rorschach.		
検査者：CP. □□□		

・人格検査結果

　基本的には社会の中でやっていけるだけの健康さを備えています。しかし，社会的場面に出ると，人の顔色がとても気になってしまうようです。その原因は，人に信用できなさを感じたり，人に依存することが良くないように思えたりするからでしょう。それに対して，あなたは理性的に考えたり，人と距離を取ったりすることで対処してこられたようです。しかし，人を頼ることなしに生きていくことは，相当自分に無理を強いる面もあり，疲れてしまうこともありそうです。人への信用できなさや依存をめぐる葛藤の背景には，家族関係も関連しているかもしれません。こうしたことについて，治療者とじっくり話し合って心の中で整理がついてくると，緊張や不安が弱くなり，あなた本来の能力を発揮しやすくなるかもしれません。ただ，その過程の中では，一時的に不安や不調が高まる時期もあるでしょうが，そこを治療者と話し合いながら乗り切ることが大切です。

以上です。

☆☆精神科クリニック

文　献

秋谷たつ子監修（1988）ロールシャッハ法を学ぶ．金剛出版．

馬場禮子（1995）改訂 ロールシャッハ法と精神分析——継起分析入門——．岩崎学術出版社．

馬場禮子編著（2017）力動的心理査定——ロールシャッハ法の継起分析を中心に——．岩崎学術出版社．

Beck, S. J.（1950）*Rorschach's Test. I. II, III. Basic Processes.*（2nd Ed.）. Grune & Stratton.

Bohm, E.（1957）*Lehrbuch der Rorschach-Psychodiagnostik.* Hans Huber.

DeVos, G.（1952）A Quantitative Approach to Affective Symbolism in Rorschach Responses. *Journal of Projective Technique,* 16（2）, 133-150.

DeVos, G.（1955）*Manual of Criteria for Scoring Affective Inferences.*［西尾明訳（2018）未公刊］

Exner, J. E.（2003）*The Rorschach: A Comprehensive System vol.1 Basic Foundations and Principles of Interpretation*（4th ed）.［中村紀子・野田昌道監訳（2009）ロールシャッハ・テスト——包括システムの基礎と解釈の原理——．金剛出版．］

Fisher, S., & Cleveland, S. E.（1968）*Body image and personality,* 2nd ed. Dover Publications.

袴田雅大・鈴木伸子・坪井裕子・畠垣智恵・白井博美・松本真理子・森田美弥子（2012）子どものロールシャッハ反応における形態水準と Popular 反応の再検討．心理臨床学研究, 30（3）, 406-410.

Holt, R. R.（2010）*Primary Process Thinking: Theory, Measurement, and Research.* International Universities Press.

池田豊應編（1995）臨床投映法入門．ナカニシヤ出版．

片口安史（1987）改訂 新・心理診断法——ロールシャッハ・テストの解説と研究——．金子書房．

片口安史監修　藤岡新治・松岡正明（1993）ロールシャッハ・テストの学習——片口法スコアリング入門——．金子書房．

加藤志ほ子・吉村聡編著（2016）ロールシャッハテストの所見の書き方——臨床の要請にこたえるために——．岩崎学術出版社．

河合隼雄（1969）臨床場面におけるロールシャッハ法．岩崎学術出版社．

Kernberg, O. F.（1984）*Severe Personality Disorders: Psychotherapeutic Strategies.* Yale University Press.［西園昌久監訳（1996）重症パーソナリティ障害——精神療法的方略——．岩崎学術出版社．］

Kleiger, J. H.（1999）*Disordered Thinking and the Rorschach: Theory, Research, and Differential diagnosis.* Analytic Press, Inc.［馬場禮子監訳（2010）思考活動の障害とロールシャッハ法 —— 理論・研究・鑑別診断の実際——．創元社．］

Klopfer, B., Ainsworth, M. D., Klopfer, W. G., & Holt, R. R.（1954）*Developments in the Rorschach Technique. Vol. 1.: Technique and Theory.* World Book Company.

Klopfer, B., & Kelly, D. M.（1942）*The Rorschach technique.* World Book Company.

Landis, B. (1970) Ego Boundaries. *Psychological Issues*, 6 (4), Monograph, 24. International Universities Press. [馬場禮子・小出れい子訳 (1981) 自我境界. 岩崎学術出版社.]

松本真理子 (2003) 子どものロールシャッハ法に関する研究——新たな意義の構築に向けて——. 風間書房.

松本真理子・森田美弥子監修 (2009) 子どものロールシャッハ反応——形態水準と反応内容——. 金剛出版.

松本真理子・森田美弥子・小川俊樹編 (2013) 児童・青年期臨床に活きるロールシャッハ法. 金子書房.

Meyer, G. J., Viglione, D. J., Mihura, J. L., Erard, R. E., & Erdberg, P. (2011) *Rorschach Performance Assessment System: Administration, Coding, Interpretation, and Technical Manual.* Toledo, OH: Rorschach Performance Assessment System LLC. [高橋依子監訳 (2014) ロールシャッハ・アセスメントシステム——実施, コーディング, 解釈の手引き——. 金剛出版.]

森田美弥子・長野郁也・中原睦美・杉村和実・髙橋昇・髙橋靖恵・星野和美 (2001) ロールシャッハ反応における限定づけ・修飾の系列化——名大式「思考・言語カテゴリー」による検討——. 心理臨床学研究, 19 (3), 311-317.

森田美弥子・大賀梨紗 (2009) ロールシャッハ・カード特性の再検討 (4) ——名大式ロールシッハ法「感情カテゴリー」の特徴——. 日本心理臨床学会第28回大会 (東京国際フォーラム).

森田美弥子・髙橋靖恵・髙橋昇・杉村和美・中原睦美 (2010) 実践ロールシャッハ法——思考・言語カテゴリーの臨床的適用——. ナカニシヤ出版.

村上英治 (1972) ロールシャッハ・テストと私——Dr. Klopfer から学んだもの——. ロールシャッハ研究, XIV, 143-148.

村上英治・江見佳俊・植元行男・秋谷たつ子・西尾明・後藤聡 (1959) ロールシャッハ反応の標準化に関する研究——カード特性の分析——. ロールシャッハ研究, Ⅱ, 39-85.

村上英治・植元行男・秋谷たつ子 (1958) ロールシャッハ・テストにおける不安の研究Ⅰ——感情カテゴリーについて——. ロールシャッハ研究, Ⅰ, 76-85.

村上英治・渡辺雄三・池田博和・細野純子 (1977) ロールシャッハの現象学——分裂病者の世界——. 東京大学出版会.

村松常雄編著 (1962) 日本人——文化とパーソナリティの実証的研究——. 黎明書房.

村松常雄・村上英治 (1958) 名大スケール. 本明寛・外林大作編 心理診断双書 ロールシャッハ・テストⅠ (pp. 210-217). 中山書店.

名古屋ロールシャッハ研究会 (2010) 名古屋ロールシャッハ研究会50周年記念誌.

名古屋ロールシャッハ研究会編 (2018) ロールシャッハ法解説——名古屋大学式技法——. 金子書房.

中村紀子 (2010) ロールシャッハ・テスト講義1 基礎編. 金剛出版.

西尾明・後藤聡・伊藤秀子 (1964) ロールシャッハテストの感情カテゴリーについて. 臨床心理, 3, 71-76.

西尾博行・高橋依子・高橋雅春 (2017) ロールシャッハ・テスト統計表——数値の比較検討と解釈に役立つ変数データ——. 金剛出版.

小川俊樹・松本真理子編著 (2005) 子どものロールシャッハ法. 金子書房.

岡堂哲雄・矢吹省司 (1976) ロールシャッハ・テスト入門——知覚分析的アプローチ——. 日本文化科学社.

文　献

小此木啓吾・馬場禮子（1989）新版 精神力動論——ロールシャッハ解釈と自我心理学の統合——．金子書房．

Phillips, L., & Smith, J. G.（1953）*Rorschach Interpretation: Advanced Technique*. Psychological Corporation.

Piotrowski, Z. A.（1940）Positive and Negative Rorschach Organic Reactions. *Rorsch. res. exch.*, 4, 147.

Piotrowski Z. A.（1957）*Percptanalysis*. New York, Macmillan.［上芝功博訳（1980）知覚分析——ロールシャッハ法の体系的展開——．新曜社．］

Rapaport, D.（1950）*Diagnostic Psychological Testing*, Vol. II. The Year Book Publishers. Inc.

Rorschach, H.（1921）*Psychodiagnostik: Methodik und Ergebnisse eines Wahrnehmungsdiagnostischen Experiments*. Bern: Ernst Bircher.［東京ロールシャッハ研究会訳（1958）精神診断学——知覚診断的実験の方法と結果（偶然図形の判断）——．牧書店．］

Rorschach, H.（1921）*Psychodiagnostik: Methodik und Ergebnisse eines Wahrnehmungsdiagnostischen Experiments*.［*Deutenlassen von Zufallsformen*］．9durchgeshene Aufl.（Iste Aufl. 1921）［Hans Huber, 1972］．［鈴木睦夫訳（1998）新・完訳精神診断学——付 形態解釈実験の活用——．金子書房．］

Schachtel, E. G.（1966）*Experiential Foundations of Rorschach's Test*. Basic Books.［空井健三・上芝功博訳（1975）ロールシャッハ・テストの体験的基礎．みすず書房．］

高橋雅春・高橋依子・西尾博行（2009）ロールシャッハ・テスト形態水準表．金剛出版．

高橋昇・城野（高橋）靖恵・杉村和美・星野和実・森田美弥子・長野郁也（1995）境界人格障害者のロールシャッハ・テスト——名大式「思考・言語カテゴリー」による検討——．心理臨床学研究, 12（4）, 368-377.

高橋昇・高橋靖恵・森田美弥子・杉村和美・長野郁也・中原睦美（2001）名大式思考・言語カテゴリーの臨床的適用——ある境界性人格障害者の事例を通して——．心理臨床学研究, 19（4）, 465-474.

高橋靖恵（2012）コンセンサスロールシャッハ法——青年期の心理臨床実践にいかす家族関係理解——．金子書房．

高橋靖恵編著（2014）「臨床のこころ」を学ぶ心理アセスメントの実際——クライエント理解と支援のために——．金子書房．

高橋靖恵（2024）心理臨床実践において「伝える」こと——セラピストのこころの涵養——．福村出版．

竹内健児編（2009）事例でわかる心理検査の伝え方・活かし方．金剛出版．

竹内健児編（2016）心理検査を支援に繋ぐフィードバック——事例でわかる心理検査の伝え方・活かし方——〔第2集〕．金剛出版．

坪井裕子・森田美弥子・松本真理子（2007）被虐待体験をもつ小学生のロールシャッハ反応．心理臨床学研究, 25（1）, 13-24.

辻悟（1997）ロールシャッハ検査法——形式・構造解析に基づく解釈の理論と実際——．金子書房．

辻悟・福永知子（2018）改訂版 ロールシャッハ・スコアリング——阪大法マニュアル——．金子書房．

植元行男（1974）ロールシャッハ・テストを媒介として，思考，言語表現，反応態度をとらえる分析枠の考案とその精神病理研究上の意義，ロールシャッハ研究, XV・XVI, 281-343.

植元行男・村上英治・秋谷たつ子・江見佳俊・西尾明・DeVos, G.・星野命・谷口真弓・蛭川栄（1962）ロー

ルシャッハ・テストの結果からみた集団人間像における諸特徴．村松常雄編 日本人──文化とパーソナリティの実証的研究──（pp. 206-245）．黎明書房.

氏原寛・森田美弥子編（2017）ロールシャッハ法の豊かな多様性を臨床に生かす── 1 症例をめぐってのさまざまなアプローチから──．金子書房.

Weiner, I. B.（1966）*Psychodiagnosis in Schizophrenia*. John Wiley & Sons, Inc.［秋谷たつ子・松島淑恵訳（1973）精神分裂病の心理学．医学書院.］

Weiner, I. B.（1998）*Principles of Rorschach Interpretation*. Mahwah, NJ: Lawrence Erlbaum.［秋谷たつ子・秋本倫子訳（2005）ロールシャッハ解釈の諸原則．みすず書房.］

『ロールシャッハ法解説──名古屋大学式技法──』（名大法マニュアル）編集の記録

1964 年　冊子形態初版
1967 年　増補改訂 2 版
1990 年　増補改訂 3 版　（編集担当）　村上英治　土川隆史　池田豊應
1999 年　改訂四版　　　（編集担当）　土川隆史　森田美弥子　池田豊應　加藤淑子　下村美刈
　　　　　　　　　　　　　　　　　　　長瀬治之　米倉五郎　渡辺雄三
2011 年　増補改訂五版　（編集担当）　土川隆史　加藤淑子　長瀬治之　森田美弥子
（ここまでは冊子形態での発行。以後は書籍形態での出版）
2018 年　『ロールシャッハ法解説──名古屋大学式技法──』
　　　　　　名古屋ロールシャッハ研究会編（責任編集　森田美弥子　加藤淑子　髙橋　昇　髙橋靖恵　坪井裕子　長瀬治之
　　　　　　　　　　　　　　　　　　　　畠垣智恵　山田　勝）金子書房
2025 年　『新版 ロールシャッハ法解説──名大法マニュアル──』
　　　　　　名古屋ロールシャッハ研究会編（執筆・編集担当　森田美弥子　今村友木子　佐藤明美　髙橋　昇　髙橋靖恵
　　　　　　　　　　　　　　　　　　　　田附紘平　坪井裕子　袴田雄大　古井由美子　松本真理子　山田　勝）福村出版

索 引

(名大法のスコア・指標の解説ページを記載)

編　者
名古屋ロールシャッハ研究会

名古屋ロールシャッハ研究会　運営委員会
森田美弥子*　　（代表，名古屋大学）
今村友木子*　　（金城学院大学人間科学部）
來多泰明　　　（特定医療法人共和会共和病院）
佐藤明美*　　　（愛知淑徳大学学生相談室）
髙橋　昇*　　　（愛知淑徳大学心理学部）
髙橋靖恵*　　　（京都大学大学院教育学研究科）
田附紘平*　　　（名古屋大学大学院教育発達科学研究科）
坪井裕子*　　　（名古屋市立大学大学院人間文化研究科）
袴田雅大*　　　（ふわりもの忘れとこころのクリニック名古屋）
畠垣智恵　　　（静岡大学人文社会科学部）
早川すみ江　　（日本福祉大学教育・心理学部）
古井由美子*　　（長久手心理オフィス／ CP ネットワーク名古屋）
松本真理子*　　（名古屋大学）
山田　勝*　　　（名古屋女子大学児童教育学部）
〔*印は執筆・編集担当，校正は委員全員で行った〕

『名大法ロールシャッハ記録用紙』（1 セット 20 名分　ブランクシートを含む）は別売りしております。

新版 ロールシャッハ法解説
名大法マニュアル
2025 年 3 月 31 日　初版第 1 刷発行

編　者　　名古屋ロールシャッハ研究会
発行者　　宮下基幸
発行所　　福村出版株式会社
　　　　　〒 104-0045　東京都中央区築地 4-12-2
　　　　　電話　03-6278-8508　FAX　03-6278-8323
　　　　　https://www.fukumura.co.jp
印　刷　　中央精版印刷株式会社
製　本　　協栄製本株式会社